全国高等中医药院校配套教材

供中药类、药学类、制药类、中医类专业用

中药商品学实验

主　编　周凤琴

主　审　张贵君

副主编　辛　宁　图　雅　都晓伟

编　者（以姓氏笔画为序）

王荣祥（辽宁中医药大学）
乌莉娅·沙衣提（新疆医科大学）
方成武（安徽中医学院）
尹春梅（吉林农业大学）
刘　芃（贵阳中医学院）
刘　娟（佳木斯大学）
闫永红（北京中医药大学）
李成义（甘肃中医学院）
李　佳（首都医科大学）
肖井雷（长春中医药大学）
辛　宁（广西中医学院）
张贵君（北京中医药大学）
陈代贤（大连市药品检验所）
陈科力（湖北中医学院）
陈淑欣（哈尔滨医科大学）
陈随清（河南中医学院）
图　雅（内蒙古民族大学）
金哲雄（哈尔滨商业大学）
周凤琴（山东中医药大学）
郑玉光（河北医科大学）
孟根杜希（内蒙古医学院）
赵　越（广东药学院）
都晓伟（黑龙江中医药大学）
崔亚君（上海中医药大学）
隋　宏（宁夏医科大学）
雷国莲（陕西中医学院）
裴香萍（山西中医学院）
潘清平（湖南中医药大学）

人民卫生出版社

图书在版编目(CIP)数据

中药商品学实验/周凤琴主编．—北京：人民卫生出版社，2009.5

ISBN 978-7-117-11739-5

Ⅰ．中…　Ⅱ．周…　Ⅲ．中药材-商品学-高等学校-教学参考资料　Ⅳ．F762.2

中国版本图书馆 CIP 数据核字(2009)第 049359 号

中药商品学实验

主　　编：周凤琴

出版发行：人民卫生出版社(中继线 010-67616688)

地　　址：北京市丰台区方庄芳群园 3 区 3 号楼

邮　　编：100078

网　　址：http://www.pmph.com

E - mail：pmph@pmph.com

购书热线：010-67605754　010-65264830

印　　刷：北京市文林印务有限公司

经　　销：新华书店

开　　本：787×1092　1/16　　印张：3.75

字　　数：88 千字

版　　次：2009 年 5 月第 1 版　2009 年 5 月第 1 版第 1 次印刷

标准书号：ISBN 978-7-117-11739-5/R・11740

定　　价：15.00 元

前言

中药商品学实验是普通高等教育“十一五”国家级规划教材《中药商品学》(第2版)的配套教材。适用于中药类、药学类、制药类、中医类专业的本科生和专科生实验教学使用，也可供从事药学和中药营销人员参考使用。中药商品学实验依据教材内容主要讲授中药商品的基本实验技术和方法。其教学内容紧密结合流通领域中药商品质量、经营管理，并根据商品特征和使用价值等方面的问题进行设计；围绕中药商品的特点、中药商品学的基本任务，将教材的内容按方法学的顺序编排，强调了中药商品间的相互联系、经营管理的基本方法、质量监督和检测的基本原理和基本操作技术。在难易结合、由浅入深的原则基础上，收载了中药商品的纯度、性状评价与内在物质检测、药材商品规格与道地性识别、安全性检测等方面的系统实验。使学生能够较为全面地掌握中药商品知识、开拓中药商品质量管理的思路，提高分析和解决实际问题的能力。

本书共设计了中药商品的纯度检查、鉴别、优良度的检查、安全性检测四大项内容，分为17个主要实验，每个实验中包含了基本实验和选择实验两部分内容，各院校可根据实验材料和实验条件适当调整授课内容。实验共计50学时，其中中药商品的纯度检查8学时、中药商品的鉴别10学时、中药商品优良度的检查16学时、中药商品的安全性检测16学时；各校可根据实际情况，建议按照基本实验内容36学时，选择实验内容14学时的比例选择授课，每个实验的课时分配详见本书的附录。附录部分收载了有关中药商品质量管理的必备知识，如检定通则、药材炮制通则、微生物限度标准等。

本书收载的实验已经在全国大部分高等院校开设，具有一定的实践性和代表性。但由于编者水平有限，难免存在缺点和错误，敬请同行和广大读者提出宝贵意见，以便修订提高。

编著者

2009年3月

目录

中药商品学实验规则

一、实验教学的目的

1. 通过实验教学，使学生进一步掌握中药商品学的基本任务、基本理论和基本知识的科学内涵。学习和研究制定中药商品经营和质量管理标准的方法，掌握中药商品特征和质量评价的基本技能和技术。

2. 通过实验操作，锻炼学生观察问题、分析问题和解决问题的综合能力，培养学生独立的工作能力、熟练的实验操作技术、严谨的科学态度和实事求是的工作作风。

3. 通过实验，使学生能够具有熟练经营管理常用中药商品的能力，熟悉各种实验仪器的构造原理及使用方法。

4. 学习中药商品实验结果的分析方法，掌握实验报告的书写方法。

二、实验教学的主要内容

1. 中药商品纯度检查的内容及方法。

2. 中药商品鉴别的内容及方法。

3. 中药商品优良度检查的内容及方法。

4. 中药商品安全性检测的内容及方法。

三、实验教学的一般程序

1. 预习　学生在课前要认真预习实验内容及教材的有关章节，了解实验目的、基本原理、所需要的仪器材料和试剂、实验内容与操作方法，提出实验的要点和关键技术，解答该实验后的习题，准备好实验用品。

2. 讲解　教师对实验内容及注意事项进行讲解，并可通过多媒体等教学手段，使学生对实验内容有全面的了解，以便于操作。

3. 实验操作　除部分实验分组进行外，一般由学生独立进行操作。学生必须按照教学要求认真操作、仔细观察、做好记录。有关基本技能的训练，要按操作程序反复练习，以达到熟练的程度。

4. 示教　一般在每次实验中均应备有示教内容，帮助学生了解某些实验的重点和难点，扩大学生在有限的时间内获得更多感性知识的机会。

5. 实验报告　必须强调科学性和准确性，要实事求是地记录、分析和总结。在实验结束时提交实验报告。学生要认真阅读教师批改后的实验报告，提高学习质量。

6. 小结　实验结束后，师生共同总结本次实验的收获及今后注意的问题。

四、实验课的基本要求

1. 遵守实验室规则。

2. 提前10分钟进入实验室，带好实验教材和有关实验用品，穿好实验服，按指定的座位入座。

3. 实验开始前，要认真检查仪器、药品等是否齐备和完好，如有缺损应及时向指导教师报告，自己不得擅自调换或调整。要认真听取教师对实验的讲解，并做好必要的记录。

4. 实验过程中，要合理安排时间，注意力集中在主要问题上。整个实验要井然有序。要听从教师指导，爱护仪器设备，节约实验材料和能源等。

5. 实验结束后，要认真清理好实验用品，清洁实验台面，处理垃圾，关好水、电。

6. 值日生负责实验室的卫生工作。

1 中药商品的纯度检查

1.1 杂质检查

【实验目的】

1. 掌握中药商品中杂质检查的基本方法。

2. 熟悉中药商品中常见的杂质类型及种类。

3. 了解中药商品中杂质检查的意义。

【基本原理】

中药商品中常会混有或多或少的杂质，而杂质含量的多少，会直接影响到临床疗效和用药的安全性。检查中药商品中的杂质含量，对保证其纯度和质量具有重要意义。

药材商品中混有的杂质系指：来源（指原植物、原动物学名或原矿物）与规定相同，但其性状或药用部位与规定不符；来源与规定不同的物质；无机杂质，如砂石、泥块、尘土等。

药材的杂质检查是用手工分离并检测中药商品中混杂的外来物、非药用部位或泥沙等肉眼可见杂质的检查方法，用以确定中药商品的纯净度。

【仪器与材料】

1. 仪器　天平、实体镜、放大镜、标准药筛、显微镜、烧杯、蒸发皿、水浴锅、干燥箱、玻璃棒等。

2. 材料　番泻叶、红花、丁香、蒲黄、山茱萸、酸枣仁等药材；麸炒苍术等饮片。

3. 其他　称量纸等。

【实验内容与操作方法】

1. 取规定量的供试品，摊开，用肉眼或放大镜（5～10倍）观察，将杂质拣出；如其中含有可以筛分的杂质，可通过适当孔径的药筛，将杂质筛分出。

2. 将各类杂质分别称重，计算其在供试品中的含量（%）。

3. 粉末状供试品中泥沙的检查，可取供试品适量，用水漂去供试品，剩余部分（泥沙）干燥后称重，计算杂质在供试品中的含量（%）。

基本内容

1. 番泻叶　杂质主要包括小枝、叶轴或小叶片等。

2. 红花　杂质主要包括叶片、苞片、杂草等。

3. 山茱萸　杂质主要包括果核、果梗、泥沙等。

4. 酸枣仁　杂质主要包括果壳、泥沙等。

5. 麸炒苍术灰屑的检查　取麸炒苍术 50～100g，称定重量，分次置于三号药筛内往返筛动 2 分钟，倾出不能通过三号筛的供试品，合并称重。计算减失重量占供试品总量的比例(%),即得(注:每次取3份供试品分别测定,取其平均值)。

选做内容

1. 丁香　杂质主要包括花梗、泥沙等。

2. 蒲黄　杂质主要包括花药、花丝及泥沙等。

【要点及难点解析】

1. 所用供试品的量,除另有规定外,按药材取样法称取。

2. 若杂质与正品相似,外观鉴别困难,可称取适量,进行显微和理化鉴别,证明其为杂质后,计入杂质重量中。较大的供试品,必要时可破开,检查有无虫蛀、霉烂或变质现象。

3. 蒲黄检查可用合适的药筛筛出花药及花丝等杂质。

4. 2005年版《中华人民共和国药典》(简称《中国药典》)的杂质限量:番泻叶不得过6%;红花不得过2%;丁香不得过4%;蒲黄不得过10%;山茱萸不得过3%;酸枣仁不得过5%;麸炒苍术灰屑不得过3%。

5. 杂质限量检查。在不影响有效性和安全性的前提下,国家标准允许中药商品中的杂质在一定限度范围内存在。杂质的限量,即指所含杂质的最大允许量。

【习题与作业】

1. 总结中药商品中杂质检查的适用对象,考察杂质的来源及主要类型。

2. 简述杂质检查的实验方法及步骤,记录并分析实验结果,总结实验中发现的问题。

1.2 水分测定

【实验目的】

1. 掌握丹参、白芷水分测定的方法。

2. 熟悉中药商品中水分测定的基本方法和适用对象。

3. 了解芒硝等中药商品干燥失重的测定方法。

【基本原理】

中药商品中通常含有安全水分,在一定的条件和时期内保持稳定。但是当中药商品中水分超过安全线,在贮藏、运输和使用等过程中,其内在物质会发生变化,出现霉烂等变质现象,失去药效。测定中药商品中的水分含量,可以有效地监测中药商品的质量变化状况,保证其稳定性。中药商品中的水分测定通常采用以下4种方法:

1. 烘干法　本法是指供试品在规定的条件下烘干,根据减失的重量,计算中药商品中的水分含量。减失的重量包括水分及少量挥发性成分。

2. 甲苯法　本法是指利用蒸馏的方法使中药商品中的水分和挥发性成分随甲苯蒸汽蒸馏出来,待冷却后,水分与甲苯相互分离,而挥发性成分溶于甲苯中,可以直接读取样品中水分的含量。

3. 减压干燥法　是将供试品置于减压干燥器内,用新鲜的五氧化二磷作为干燥剂,吸收供试品中的水分,减压至2.67kPa(20mmHg)以下保持30min,室温放置24h后,迅速称定重量,计算供试品中的含水量。

4. 气相色谱法　采用气相色谱仪,以无水乙醇作为溶剂,使供试品中的水分汽化后进入色谱柱得到分离。含水量用外标法计算。

干燥失重法原理与水分的烘干法相似，减失的重量包括水分及挥发性物质。

【仪器、材料与试剂】

1. 仪器　标准药筛、小型粉碎机、分析天平、干燥箱、电热套（500ml）、干燥器、水分测定装置、短颈圆底烧瓶（500ml）、直形冷凝管、扁形称量瓶、试管、量筒、培养皿等。

2. 材料　丹参药材、饮片等；川白芷、祁白芷药材及饮片；芒硝。

3. 试剂　三氯化铁醇溶液、甲苯、亚甲蓝等。

4. 其他　圆形滤纸、称量纸、长毛刷、铜丝、玻璃珠等。

【实验内容与操作方法】

基本内容

1. 丹参不同市售品的水分测定（烘干法）　取丹参颗粒 2～5g，平铺于干燥至恒重的扁形称量瓶中，厚度不超过 5mm（疏松的供试品不超过 10mm），精密称定。打开瓶盖在 100～105℃干燥 5h，将瓶盖盖好，移置干燥器中，冷却 30min，精密称定重量。再在上述温度下干燥 1h，置于干燥器中冷却，称重。至连续两次称重的差异不超过 5mg 为止。根据减失的重量，计算供试品中含水量（%）。

2. 白芷不同市售品的水分测定（甲苯法）

仪器装置：如图 1　A 为 500ml 的短颈圆底烧瓶；B 为水分测定管；C 为直形冷凝管，外管长 40cm。使用前，全部仪器应清洁，并置烘箱中烘干。

测定法：取供试品适量（相当于含水量 1～4ml），精密称定，置 A 瓶中，加甲苯约 200ml，必要时加入干燥、洁净的沸石或玻璃珠数粒，将仪器各部分连接，自冷凝管顶端加入甲苯，至充满 B 管的狭细部分。将 A 瓶置电热套中或用其他适宜方法缓缓加热，待甲苯开始沸腾时，调节温度，使每秒钟馏出 2 滴。待水分完全馏出，即测定管刻度部分的水量不再增加时，将冷凝管内部先用甲苯冲洗，再用饱蘸甲苯的长刷或其他适宜的方法，将管壁上附着的甲苯推下，继续蒸馏 5min，放冷至室温，拆卸装置，如有水黏附在 B 管的管壁上，可用蘸甲苯的铜丝推下，放置，使水分与甲苯完全分离（可加亚甲蓝粉末少量，使水染成蓝色，以便分离观察）。检读水量，并计算供试品中的含水量（%）。

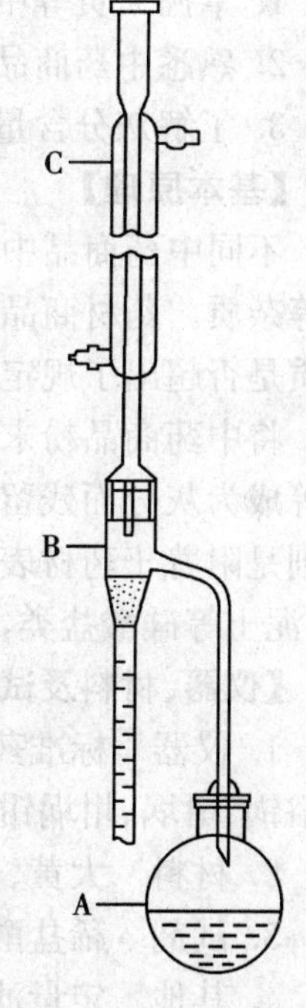

图 1　水分测定装置

注：用化学纯甲苯直接测定，必要时甲苯可先加少量水，充分振摇后放置，将水层分离弃去，经蒸馏后使用。

选做内容

芒硝干燥失重的测定：取芒硝约 1g，精密称定，平铺于干燥至恒重的扁形称量瓶中，厚度不超过 5mm。放入 100～105℃干燥箱内至恒重，取出，置于干燥器内至室温，精密称定重量。根据减失重量计算干燥失重（%）。

【要点及难点解析】

1. 各种水分测定方法适用对象　烘干法适用于不含或少含挥发性成分的中药商品；甲苯法适用于含挥发性成分的中药商品；减压干燥法适用于含挥发性成分的贵重中药商

品；气相色谱法适用于水分含量低的化学单体及其制剂。

2. 水分测定用供试品，应先粉碎成直径不超过 3mm 的颗粒或碎片；直径或长度在 3mm 以下的花类、果实或种子类中药商品，可不破碎。减压干燥法需要通过二号筛。

3. 每个供试品需做 3 个平行样。

4. 2005 年版《中国药典》中水分限量 丹参不得过 13.0%；白芷不得过 15.0%；芒硝干燥失重应为 51.0%～57.0%。

【习题与作业】

1. 总结中药商品水分测定的主要方法与适用对象。

2. 简述丹参、白芷水分测定的实验步骤。

3. 记录并分析实验结果，总结实验中发现的问题。

1.3 灰分测定

【实验目的】

1. 掌握大黄等中药商品中总灰分和酸不溶性灰分的含量测定方法。

2. 熟悉中药商品中总灰分和酸不溶性灰分测定的基本方法和适用对象。

3. 了解灰分含量与中药商品质量的关系。

【基本原理】

不同中药商品中灰分的含量均应有一定的范围，超出此范围，说明其含有无机物或泥沙等杂质。药材商品中最常见的杂质是泥土、沙石，测定灰分用于检测中药商品中泥沙等杂质是否超出了规定的限量，以保证其纯度。

将中药商品粉末，经加热、高温炽灼至灰化，细胞组织及其内含物和外来杂质的无机物等成为灰分而残留，称之为总灰分。总灰分中一部分是供试品本身的生理灰分，另一部分则是附着于药材表面的泥沙。将总灰分加入稀盐酸处理，可以得到不溶于稀盐酸的砂石、泥土等硅酸盐类，称之为酸不溶性灰分。

【仪器、材料及试剂】

1. 仪器 标准药筛（二号筛）、小型粉碎机、分析天平、电炉、电阻炉、干燥器、干燥箱、水浴锅、坩埚、坩埚钳、移液管、表面皿、滴管、烧杯、漏斗等。

2. 材料 大黄、金银花商品药材粗粉。

3. 试剂 稀盐酸、1%硝酸银试液、三氯化铁醇溶液等。

4. 其他 定量滤纸、称量纸等。

【实验内容与操作方法】

1. 总灰分测定法 取供试品粉末（通过二号筛）3～5g，置炽灼至恒重的坩埚中，称定重量（准确至 0.01g），缓缓炽热，注意避免燃烧，至完全炭化时，逐渐升高温度至 500～600℃，使完全灰化并至恒重。称定残渣重量，计算供试品中总灰分的含量（%）。

如果供试品不易灰化，可将坩埚放冷，加热水或 10%硝酸铵溶液 2ml，使残渣湿润，然后置水浴上蒸干，残渣照前法炽灼，至坩埚内容物完全灰化。

2. 酸不溶性灰分测定法 取上项所得的灰分，在坩埚中小心加入稀盐酸约 10ml，用表面皿覆盖坩埚，置水浴上加热 10min，表面皿用热水 5ml 冲洗，洗液并入坩埚中，用无灰滤纸滤过，坩埚内的残渣用水洗于滤纸上，并洗涤至洗液不显氯化物反应为止。滤渣连同滤纸移至同一坩埚中，干燥，炽灼至恒重。称定残渣重量，计算供试品中酸不溶性灰分的含量(%)。

【要点及难点解析】

1. 供试品在测试前，需经粉碎并能通过二号筛，混合均匀后依法取样测定。

2. 每个供试品需做 3 个平行样。

3. 2005 年版《中国药典》中灰分限量：大黄药材总灰分不得过 10.0%、酸不溶性灰分不得过 0.8%，金银花药材总灰分不得过 10.0%、酸不溶性灰分不得过 3.0%。

【习题与作业】

1. 总结中药商品中灰分测定的主要方法和适用对象。

2. 简述大黄、金银花商品药材灰分测定的实验步骤。

3. 记录并分析实验结果，总结实验中发现的问题。

2 中药商品的鉴别

2.1 理化定性鉴别

【实验目的】

1. 掌握大黄等中药商品理化定性鉴别的主要方法与鉴别特征。

2. 熟悉中药商品理化定性鉴别的常用方法。

【基本原理】

中药商品的理化定性鉴别，是利用中药商品中所含的某些化学成分能够与某些特定的试剂产生不同的颜色、结晶、沉淀或气味，或遇热能够升华，或遇水、火可以产生某些特殊现象等，作为中药商品专属性的鉴别特征。常用的理化定性鉴别的方法有：微量升华法、显微化学法、化学反应法（显色、沉淀等）、火试和水试法等。

1. 微量升华法　是利用某些化学成分，在一定温度下能够升华，镜检升华物的结晶形状、颜色及化学反应作为鉴别特征。适用于含有升华物的中药商品的鉴定。

2. 显微化学法　是将中药商品的粉末、饮片或浸出物，置于载玻片上，加某些试剂使产生沉淀、结晶或特殊颜色，在显微镜下观察进行鉴别的一种方法。

3. 化学反应法

(1)显色反应　是利用某些试剂，能够与某些化学成分产生特殊的颜色反应来鉴别。

(2)沉淀反应　是利用某些试剂能与某些化学成分产生特殊的沉淀反应来鉴别。

4. 水试法　是利用某些药材在水中产生各种特殊的变化或现象进行鉴别。

5. 火试法　是利用某些药材火烧发生特殊的现象进行鉴别。如闪光、烟雾、气味、响声等。

【仪器、材料与试剂】

1. 仪器　分析天平、超声波提取器、水浴锅、微量升华装置、加热回流提取装置、电炉、生物显微镜、载玻片、盖玻片、研钵、白瓷板、蒸发皿、试剂瓶、量筒、滴管、漏斗、三角瓶、烧杯、具塞试管、试管、玻璃棒等。

2. 材料　大黄、牡丹皮、薄荷叶、黄连、槟榔、牛膝、甘草、天麻、茯苓、猪苓、五倍子、龙胆、蟾酥、朱砂、青黛、自然铜、苦参饮片、苦杏仁、马钱子、牛黄解毒片、乳香、没药、蟾酥、石膏、血竭、冰片等。

3. 试剂　氢氧化钠试液、氢氧化钾试液、三氯化铁醇溶液、三氯化铁试液、新配制的1%香草醛硫酸溶液、硝酸、30%硝酸、80%硫酸、浓硫酸、5%硫酸溶液、稀盐酸、盐酸-硝酸(3∶1)的混合溶液、冰醋酸、醋酐、1%钒酸铵硫酸溶液、5%没食子酸乙醇溶液、碘试液、碘化钾试液、碘化钾碘试液、碘化铋钾试液、10%酒石酸锑钾溶液、甲醇、乙醇、三氯甲烷(氯仿)、氯化钡试液、铵盐、醋酸铅试液、蒸馏水、香草醛结晶、含氯石灰、二甲氨基苯甲醛固体。

4. 其他　滤纸、三硝基苯酚试纸、pH 试纸、称量纸、圆形滤纸、白纸、石棉网、火柴、铁丝等。

【实验内容与操作方法】

1. 微量升华法

基本内容

(1)大黄:取粉末少量,进行微量升华,低温得黄色针状结晶,高温得羽毛状结晶。加碱试液,结晶溶解并显红色。

(2)牡丹皮:取粉末少量,进行微量升华,升华物为长柱状、针状、羽状结晶。滴加三氯化铁醇溶液,结晶溶解呈暗紫色。

(3)牛黄解毒片:取供试品 1 片,研细,进行微量升华,升华物白色,加新配制的 1%香草醛硫酸溶液 1～2 滴,液滴边缘渐显玫瑰红色。

选做内容

薄荷叶:取薄荷叶粉末,进行微量升华,得油状物,加硫酸 2 滴及香草醛结晶少许,初显黄色至橙黄色;再加蒸馏水 1 滴,即变紫红色。

2. 显微化学法

基本内容

(1)黄连:取粉末或薄切片于载玻片上,加乙醇 1～2 滴及 30%硝酸 1 滴,加盖玻片,放置片刻,镜检,有淡黄色针状或针簇状结晶析出。加热,结晶消失,并显红色。

(2)槟榔:取粉末 0.5g,加水 3～4ml 与 5%硫酸溶液 1 滴,微热数分钟,滤过。取滤液 1 滴于载玻片上,加碘化铋钾试液 1 滴,即显混浊,放置。镜检,有石榴红色球晶或方晶产生。

选做内容

马钱子:取干燥种子的胚乳切片,加 1%钒酸铵硫酸溶液 1 滴,胚乳即显紫色。加发烟硝酸 1 滴,胚乳即显橙红色。

3. 化学反应法

基本内容

(1)甘草:取粉末置白瓷板上,加 80%硫酸 1～2 滴,显橙黄色。

(2)苦参:取饮片,加氢氧化钠试液数滴,栓皮即呈橙红色,渐变为血红色,久置不消失。木质部不呈颜色反应。

(3)黄连:取粗粉约 1g,加乙醇 10ml,加热至沸腾,放冷,滤过。取滤液 5 滴,加稀盐酸 1ml 与含氯石灰少量,即显樱红色;另取滤液 5 滴,加 5%没食子酸乙醇溶液 2～3 滴,蒸干,趁热加硫酸数滴,即显深绿色。

(4)天麻:取粉末约 1g,加水 10ml,浸渍 4h,随时振摇,过滤。滤液加碘试液 2～4 滴,显紫红色或酒红色。

(5)苦杏仁:取种子数粒捣碎,取约 0.1g 置试管中,加水湿润,试管中悬 1 条三硝基苯酚试纸,加塞,温浴 10min,试纸显砖红色。

(6)茯苓与猪苓:取饮片或粉末,加碘化钾碘试液 1 滴,茯苓显深红色;猪苓显棕褐色。

(7)五倍子:取粉末 0.5g,加水 4ml,微热,滤过。取滤液 1ml,加三氯化铁试液 1 滴,即产生蓝黑色沉淀;另取滤液 1ml,加 10%酒石酸锑钾溶液 2 滴,即产生白色沉淀。

选做内容

(1)龙胆:取粉末2g,加甲醇10ml,冷浸过夜,滤过。滤液浓缩至4ml,取2ml,加酸酸化,再滴加碘化铋钾试液呈橘红色沉淀。

(2)蟾酥:取粉末0.1g,加甲醇5ml,浸泡1h,滤过。滤液加对二甲氨基苯甲醛固体少量,滴加硫酸数滴,即显蓝紫色。取粉末0.1g,加三氯甲烷5ml,浸泡1h,滤过。滤液蒸干,残渣加醋酐少量使溶解,滴加硫酸,初显蓝紫色,渐变为蓝绿色。

(3)冰片:取本品10mg,加甲醇数滴使溶解,加新制的1%香草醛硫酸溶液1~2滴,即显紫色。

(4)朱砂:取粉末2g,加盐酸-硝酸(3∶1)的混合溶液2ml使溶解,蒸干,加水2ml使溶解,滤过。①滤液加氯化钡试液,产生白色沉淀,沉淀不溶于盐酸或硝酸;滤液加醋酸铅试液,产生白色沉淀(硫酸盐)。②滤液加入氢氧化钠试液,产生黄色沉淀;调整滤液至pH 7,加碘化钾试液,产生猩红色沉淀,加过量碘化钾试液则猩红色沉淀溶解;再加氢氧化钾试液碱化,加铵盐产生红棕色沉淀(汞盐)。

4. 火试、水试法

基本内容

(1)牛膝:取粉末0.5g,置试管内,加水10ml,激烈振摇,可产生持续性泡沫。

(2)苦杏仁:取种子数粒加水共研,即产生苯甲醛的特殊香气。

(3)乳香和没药:取乳香加水研磨,成白色乳状液;取没药加水研磨成黄棕色乳状液。

(4)血竭:取颗粒置于白纸上,用火烘烤则熔化,但无扩散油迹;对光照视呈血红色;火燃之则发生呛鼻烟气。

(5)青黛:取粉末少量,用火灼烧,有紫红色烟雾产生。

选做内容

(1)蟾酥:取断面沾水,放置,即呈乳白色隆起。

(2)石膏:取碎块少量,置于具小孔软木塞的试管内,灼烧,管壁有水生成,小块变为不透明体。

(3)自然铜:灼烧产生蓝色火焰,并产生二氧化硫的刺激性气体。

【要点及难点解析】

中药商品的理化定性鉴别是常用的鉴别方法,应选择中药商品中的药效成分或特征性成分等作为鉴别指标,所选择的实验内容应有专属性,所设计的实验步骤应简便、快捷,实验结果应灵敏、准确,重现性和稳定性好。

【习题与作业】

1. 简述中药商品理化定性鉴别的基本方法。
2. 记录大黄等中药商品理化定性鉴别的结果,并进行分析。
3. 总结实验中出现的问题。

2.2 光谱鉴别

【实验目的】

1. 掌握三七、牛膝等中药商品光谱鉴别的特征。

2. 熟悉中药商品荧光、可见-紫外和红外光谱鉴别方法的基本原理。

【基本原理】

荧光鉴别法是利用中药商品的某些化学成分(通常具有共轭双键或芳香环),在一定波长光线下,能产生一定颜色的荧光性质进行鉴别。鉴别对象包括中药商品的表面、新鲜断面、粉末、提取物或浸出液等。

可见-紫外光谱鉴别法是通过被测物质在特定波长或一定波长范围内光的吸收度,对该物质进行定性和定量分析的方法。凡是主成分或有效成分在紫外光区(200～400nm)或可见光区(400～760nm)有最大吸收的中药商品,均可利用可见-紫外光谱法进行鉴定。可见光区通常适用于本身具有颜色、或在一定条件下经处理或能与显色试剂显色的化学成分的测定;紫外光区不仅能测定有色物质,对有共轭双键结构、芳香环或发色基团的无色物质也能精确测定。

红外光谱鉴别法是利用红外辐射使物质分子内部产生振动和转动,从而引起对特定频率红外辐射的选择性吸收,形成特征性很强的红外吸收光谱。气态、固态或液态的供试品均可采用红外光谱法进行鉴别。

【仪器、材料与试剂】

1. 仪器　分析天平、超声波提取器、紫外分析仪(365nm、254nm)、可见-紫外分光光度计、红外分光光度计、溴化钾压片机、水浴锅、标准药筛、小型粉碎机、电炉、漏斗、小烧杯、蒸发皿、磨口锥形瓶、加热回流装置、具塞刻度试管、滴管、试管、试剂瓶、具塞锥形瓶、分液漏斗、容量瓶等。

2. 材料　粉末:大黄、茜草、补骨脂、芦荟、香加皮、进口血竭(皇冠牌或手牌)、赤芍、板蓝根、当归、黑顺片及白附片。药材或饮片:秦皮、黄柏、珍珠、当归、麻黄。

3. 试剂　乙醇、稀乙醇溶液、乙醚、氢氧化钠试液、氨试液、硼砂、硝酸、0.25mol/l 硫酸溶液、溴化钾。

4. 其他　滤纸、圆形滤纸、称量纸等。

【实验内容与操作方法】

1. 荧光鉴别法

基本内容

(1)大黄:取稀乙醇浸出液点于滤纸上,置紫外光灯(365nm)下观察,显棕红色荧光(不得显持久的亮紫色荧光)。

(2)板蓝根:取水煎液,置紫外光灯(365nm)下,显蓝色荧光。

(3)茜草:取粉末 0.2g,加乙醚 5ml,振摇数分钟,滤过,滤液加氢氧化钠试液 1ml,振摇,静置使分层,水层红色,醚层无色,置紫外光灯(365nm)下观察,显天蓝色荧光。

(4)秦皮:取秦皮少许,加水浸泡,浸出液在日光下可见碧蓝色荧光。

(5)黄柏:取折断面,置紫外光灯(365nm)下观察,显亮黄色荧光。

(6)补骨脂:取补骨脂的乙醇浸出液点于滤纸上,挥干后,置紫外光灯(254nm)下观察,可见斑点边缘为蓝紫色,中央为暗红色;熏氨后,边缘亮蓝色,中央灰棕色。

(7)珍珠:取本品置紫外光灯(365nm)下观察,显浅蓝紫色或亮黄绿色荧光,通常环周部分较明亮。

选做内容

(1)当归:取横切片,置紫外光灯(254nm)下观察,药材皮部显蓝色荧光,木部显紫蓝色荧光。取本品粗粉 0.5g,加 70%乙醇 10ml,浸渍 30min,不断振摇,倾上清液点于滤纸上,待干后,置紫外光灯(254nm)下观察,显蓝色荧光斑点。

(2)麻黄:取麻黄茎纵剖面置于紫外光灯(365nm)下,边缘亮白色荧光,中心显亮棕色荧光。

(3)芦荟:取粉末 0.5g,加水 50ml,振摇,滤过。取滤液 5ml,加硼砂 0.2g,加热溶解,取溶液数滴,加水 30ml,摇匀,显绿色荧光;置紫外光灯(365nm)下观察,呈亮黄色荧光。再取滤液 2ml,加硝酸 2ml,摇匀,库拉索芦荟显棕红色,好望角芦荟显黄绿色。

2. 紫外光谱鉴别法

基本内容

黑顺片及白附片:取粗粉 4g,加乙醚 30ml 与氨试液 5ml,振摇 20min,滤过。滤液置分液漏斗中,加 0.25mol/l 硫酸液 20ml,振摇提取,分取酸液,水稀释,照紫外分光光度法测定,在 231nm 和 274nm 处有最大吸收。

选做内容

香加皮:取粉末 1g,加乙醇 10ml,加热回流 1h,滤过。置于 25ml 量瓶中,加乙醇至刻度,照可见-紫外分光光度法测定,在 270±1nm 处有最大吸收。

3. 红外光谱鉴别法

基本内容

血竭:取进口血竭的乙醚提取物,测定其红外光谱,特征吸收峰为 $1120cm^{-1}$、$1610cm^{-1}$。

选做内容

赤芍:取赤芍粉末 2.0mg(过 200 目筛),采用溴化钾压片法测定红外光谱,在 $1530cm^{-1}$处有特征吸收峰。

【要点及难点解析】

1. 用荧光法鉴别中药商品时,应将供试品(包括断面、浸出物)或经过酸、碱处理后,置于紫外光灯下约 10cm 处观察所产生的荧光。除另有规定外,紫外光灯的波长为 365nm。

2. 某些中药商品表面附着的地衣或真菌也可能产生荧光,应注意鉴别。

3. 中药商品的紫外光谱是多种化学成分特征吸收的叠加光谱　在一定条件下,供试品中多种成分的复杂组合具有一定的规律性,使其紫外叠加光谱显示出一定的特异性和稳定性。采用紫外光谱法测定供试品时,首先应检查所用溶剂在供试品所用的波长附近是否符合要求,即:用 1cm 的石英吸收池盛溶剂,以空气为空白,测定其吸光度,两者的吸光度在 220～240nm 范围内不得超过 0.40;在 241～250nm 范围内不得超过 0.20;在 251～300nm 范围内不得超过 0.10;在 300nm 以上不得超过 0.05。

4. 中药商品的红外光谱是其复杂化学成分红外光谱的叠加　只要中药商品中化学成分的质和量相对稳定,其叠加红外光谱也相对稳定。习惯上将红外光区分为 3 个区:近红外光区(0.75～2.5μm),中红外光区(2.5～25μm),远红外光区(25～1000μm)。其中中红外区是药物分析最常用的区域。用红外光谱法鉴别中药商品时,应注意固定供试品的条件,如:品种、产地、采收时间、加工方法、商品规格、贮藏时间等;还应根据供试品的性质，选择适宜的样品处理方法和测定条件，并与标准光谱进行对照。样品的制备可根据供试品的物态分别进行，固态样品常采用压片法、糊剂法、薄膜法、溶液法；液态样品采用溶液法和液膜法；气态样品采用气体池直接测定。

5. 进行红外光谱测定的供试品粉末均应通过九号筛。

【习题与作业】

1. 简述中药商品荧光鉴别法、可见-紫外光谱鉴别法和红外光谱鉴别法的基本原理。

2. 总结大黄、黑顺片及白附片、血竭等中药商品光谱鉴别的主要特征，分析实验结果。

3. 简述荧光鉴别法、可见-紫外光谱鉴别法和红外光谱鉴别法的实验步骤。

2.3　薄层色谱鉴别

【实验目的】

1. 掌握丹参、金银花等中药商品薄层色谱鉴别方法的基本理论。

2. 熟悉薄层色谱法鉴别中药商品品质的基本技术。

【基本原理】

薄层色谱法是将适宜的吸附剂或载体涂布于玻璃板（或其他支持物）上成一均匀薄层，待点样、展开后，与适宜的对照品（化学成分对照品或对照药材）按相同方法在同一薄层板上所得的色谱图对比，用以进行中药商品的品种鉴别、杂质检查或质量分析的一种方法。并可用薄层扫描仪进行扫描，进行中药商品的含量测定。

【主要仪器与试剂】

1. 主要仪器　分析天平、紫外分析仪（365nm、254nm）、干燥箱、红外干燥箱、超声波提取器、水浴锅、离心机、电吹风、小型粉碎机、标准药筛、层析缸、层析玻璃板、分液漏斗、容量瓶（1ml、2ml、5ml、10ml、25ml、50ml、100ml）、定量毛细管（1μl、2μl、5μl、10μl）、毛细管、烧杯、量筒、喷瓶、漏斗、加热回流提取装置、回收溶剂装置、蒸发皿、干燥器、具塞刻度试管、具塞锥形瓶（50ml、100ml、250ml、500ml）、广口试剂瓶、细口试剂瓶、研钵等。

硅胶 G 薄层板、硅胶 H-CMC-Na 薄层板、碱性氧化铝薄层板、硅胶 GF_{254} CMC-Na 薄层板、硅胶 G-CMC-Na 薄层板等。

2. 试剂　乙醚、乙酸乙酯、苯、甲醇、乙酸丁酯、甲酸、乙醚、氨试液、无水乙醇、正己烷、碘化钾碘试液、碘化铋钾试液、氯仿、石油醚（30～60℃）、甲酸乙酯等。

3. 材料　药材及饮片：栽培丹参、野生丹参、丹参饮片、济银花、密银花、山银花、黑顺片、白附片、黄附片、盐附子、生川乌、制川乌、五味子、酒五味子、醋五味子、南五味子等。

对照品：丹参药材、丹参酮 $Ⅱ_A$；绿原酸；乌头碱；五味子药材、五味子甲素等。

4. 其他　圆形滤纸、滤纸、称量纸等。

【实验内容与操作方法】

基本内容

1. 丹参市售品中丹参酮 $Ⅱ_A$ 的薄层色谱鉴别

（1）供试品溶液的制备：取供试品粉末各 1g，分别置于具塞试管中，加乙醚 5ml，振摇，放置 1h，滤过，滤液挥干，残渣加乙酸乙酯 1ml 使溶解。

(2)对照药材溶液的制备:取丹参对照药材,同法制备。

(3)对照品溶液的制备:取丹参酮Ⅱ$_A$ 对照品,加乙酸乙酯制成每 1ml 含 2mg 的溶液。

(4)色谱条件:硅胶 G 薄层板。点样量:上述溶液各 5μl。展开剂:苯-乙酸乙酯(19∶1)。

(5)结果:供试品色谱中,在与对照药材和对照品相应的位置上,显相同的暗红色斑点。

2. 不同规格金银花中绿原酸的薄层色谱鉴别

(1)供试品溶液的制备:取供试品粉末各 0.2g,加甲醇 5ml,放置 12h,滤过,滤液浓缩至约为 1ml。

(2)对照品溶液的制备:取绿原酸对照品,加甲醇制成每 1ml 含 1mg 的溶液。

(3)色谱条件:硅胶 H-CMC-Na 薄层板。

点样量:上述各种溶液各 10μl。

展开剂:乙酸丁酯-甲酸-水(7∶2.5∶2.5)的上层溶液,展距 10cm。

显色:紫外光灯(365nm)下检视。

(4)结果:供试品色谱中,在与对照品相应的位置上,显相同颜色的荧光斑点。

选做内容

1. 不同规格附子及川乌中乌头碱限量检查

(1)供试品溶液的制备:分别取供试品粗粉 20g,置于 250~300ml 具塞锥形瓶中,加乙醚 150ml,振摇 10min,加氨试液 10ml,振摇 30min,放置 1~2h,分取醚层,蒸干,加无水乙醇 2ml,使溶解。

(2)对照品溶液的制备:取乌头碱对照品,加无水乙醇制成每 1ml 含 2mg 的溶液。

(3)色谱条件:碱性氧化铝薄层板。

点样量:供试品溶液各 6μl、对照品溶液 5μl。

展开剂:正己烷-乙酸乙酯(1∶1)

显色条件:晾干后,喷以碘化钾碘试液与碘化铋钾试液的等容混合液。

(4)结果:供试品黑顺片、白附片、黄附片色谱中,在与对照品相应的位置上出现的斑点应小于对照品的斑点或不出现斑点;制川乌的斑点略小,盐附子、生川乌的斑点明显。

2. 五味子不同炮制品与南五味子中五味子甲素的薄层色谱鉴别

(1)供试品溶液的制备:取供试品粉末各 1g,加氯仿 20ml,加热回流 30min,滤过,滤液蒸干,残渣加氯仿 1ml 制成。

(2)对照药材溶液的制备:取五味子对照药材 1g,同法制备。

(3)对照品溶液的制备:取五味子甲素对照品,加氯仿制成每 1ml 含 1mg 溶液。

(4)色谱条件:硅胶 GF_{254} 薄层板。

点样量:上述溶液各 2μl。

展开剂:石油醚(30~60℃)-甲酸乙酯-甲酸(15∶5∶1)的上层液。

显色:紫外光灯(254nm)下检视。

(5)结果:供试品色谱中,在与对照药材和对照品相应的位置上,显相同颜色的斑点。

【要点及难点解析】

1. 薄层色谱鉴别的必备条件 供试品和对照药材的制备,对照品样品的制备;吸附剂;展开剂;显色剂及显色方法;供试品与对照品必须在相同色谱条件下进行展开。

2. 薄层色谱的仪器与材料

(1)薄层板:①市售薄层板:分普通薄层板和高效薄层板,如硅胶薄层板、硅胶 GF_{254} 薄层板、聚酰胺薄膜等。②自制薄层板:最常用的固定相有硅胶G、硅胶 GF_{254}、硅胶H、硅胶 HF_{254}、微晶纤维素、氧化铝等,颗粒直径通常 10～40μm。加水或羧甲基纤维素钠水溶液(0.2%～0.5%)适量调成糊状,手工或使用涂布器涂布于玻板上成一均匀薄层。玻板应光滑、平整,洗净后不附水珠。

(2)点样器:毛细管或各种点样器材。

(3)展开容器:常用立式展开缸,底部平有双槽,盖子密闭。还有水平展开缸。

(4)展开剂:要求新鲜配制,若需分层,要放置分层后分取需要的一相(上层或下层)。

(5)显色装置:玻璃喷雾瓶或相应的展开缸。

(6)检视装置:紫外光灯(254nm,365nm)等。

3. 操作方法

(1)薄层板制备:市售薄层板用前110℃活化30min,置干燥器中备用。自制板:将吸附剂-水(1∶3)在研钵中按同一方向研磨混合,去除表面气泡,倒入涂布器中,在玻板上平稳地移动进行涂布(厚度0.2～0.3mm),涂好后置水平台上室温晾干,110℃烘30min,冷却后立即使用或置干燥器中备用,应均匀、平整,光滑、无麻点、无气泡、无破损及污染。

(2)点样:圆点或窄细的条带状,基线距底边10～15mm,高效板基线距底边8～10mm,圆点不大于3mm,条带宽5～10mm;点间距不小于8mm。点样时勿损伤薄层表面。

(3)展开:将点好样的薄层板放入层析缸中,浸入展开剂的深度为距原点5mm为宜,密闭。一般上行展开8～15cm,高效板展开5～8mm。展开前如需溶剂蒸气预平衡,可加入适量展开剂,密闭,保持15～30min,预平衡后,迅速放入载有供试品的薄层板,立即密闭,展开。也可在展开缸内侧放置与展开缸内径同样大小的滤纸,密闭,饱和。

(4)显色与检视:日光或紫外光下检视;喷显色剂后直接检视或在紫外光下检视;喷显色剂后加热显色检视;熏氨或碘蒸汽后检视;浸渍法显色检视等。

4. 影响薄层色谱鉴别的因素较多,可参考有关资料。

【习题与作业】

1. 总结中药商品薄层色谱鉴别的必备条件。

2. 绘制丹参类、金银花类中药商品的薄层色谱图,写明色谱条件、实验步骤及结果,总结并分析实验中发现的问题。

2.4 性状鉴别

【实验目的】

1. 掌握各类中药商品的性状共性鉴别特征以及鉴别特征的描述方法。

2. 掌握陈列的植物类、动物类、矿物类药材、饮片及其炮制品的商品特征和外观质量标准,培养快速准确鉴别中药商品的能力。

3. 掌握中成药类商品外观特征的描述及鉴别方法。

【基本原理】

中药商品的性状特征主要体现在与中医临床的疗效密切相关的属性，即形、色、气、味等。因此，采用性状鉴别法既可以鉴别中药商品的品种，又可以判断其质量。

药材及饮片的性状特征是从形状、大小、颜色、表面、质地、断面、气、味等8个方面进行观察和描述，其中重点是形状、表面、断面、气、味。性状鉴别归结起来可分为看、量、试、嗅、尝五法，简便易行。

中成药的性状特征是通过检查其内外包装、标签、剂型或形、色、气味等。

中药商品特征通常采用形态学和经验鉴别术语相结合的方法描述。

【仪器与材料】

1. 仪器　解剖镜、刀片、小烧杯、培养皿、镊子、放大镜等。

2. 材料　药材类、饮片类，中成药类。

【实验内容与操作方法】

1. 植物类中药商品

(1)药材类：取陈列的商品药材标本，根据形状、表面特征、断面等鉴别其药用部位，然后按下列顺序依次观察和描述。

1)根及根茎类：区分根与根茎、双子叶与单子叶，再观察形状、大小、颜色、表面特征、质地、横折断面、气味等。

2)茎、木类：形状、大小、粗细、表面特征、颜色、质地、折断面、气味。

3)皮类：区分是茎皮、枝皮还是根皮，再观察形状、外表面、内表面、厚薄、质地、断面、气味等。

4)叶类：区分叶的类型、叶片、叶柄等。叶片的形状、大小、颜色、表面特征、质地、叶缘、叶端、叶基、叶脉、气味等。必要时浸软展平后观察。

5)花类：区分是单花、花序还是花的一部分。观察花萼、花冠、雄蕊群、雌蕊群等。花序观察类型、形状、苞片、小花数目等；还要观察形状、大小、颜色、表面特征、质地、气味等。必要时浸软后分离观察。

6)果实类：区分果实的类型。观察形状、大小、颜色、表面特征、气味等。含有种子的果实可破开后按种子的鉴别顺序进行观察描述。

7)种子类：观察形状、大小、颜色、表面纹理、气味等特征。注意种脐、种脊、合点、种阜、假种皮等。可进行种皮剥离后观察。

8)全草类：根据根、茎、叶、花、果实、种子不同部位分别观察描述，如形状、大小、颜色、表面特征、质地、横折断面(或横斜、切面)、气味等。

9)藻、菌、树脂及其他类：首先根据形状、颜色、气味等区分来源，然后观察形状、大小、颜色、表面特征、质地、断面、气味等。

(2)饮片类：主要观察饮片的类型、大小、周边、切面、质地、气味等。饮片的商品特征应与原药材结合；中药炮制品的商品特征应与炮制方法、使用辅料相结合，重点注意周边与切面颜色以及气味的变化。

基本内容

1)根及根茎类药材和饮片：牛膝、白芍、黄芪、人参、三七、白芷、当归、黄芩、党参、桔梗、麦冬、黄连、川芎、苍术、半夏、川贝母、天麻、大黄、甘草、丹参。

2)茎、木皮类药材和饮片:鸡血藤、石斛、沉香、钩藤、牡丹皮、厚朴、肉桂、黄柏。

3)叶花类药材和饮片:大青叶、番泻叶、金银花、菊花、西红花。

4)果实种子类药材和饮片:五味子、枳壳、吴茱萸、枸杞子、砂仁、苦杏仁、马钱子、槟榔。

5)全草类药材和饮片:麻黄、广藿香、薄荷、穿心莲、青蒿、淡竹叶。

6)藻、菌、树脂及其他类药材和饮片:冬虫夏草、茯苓、乳香、没药、血竭、冰片。

选做内容

1)根及根茎类药材和饮片:细辛、附子、北沙参、延胡索、地黄、玄参、木香、郁金、羌活、白术、天南星、浙贝母、龙胆、茜草。

2)茎、木皮类药材和饮片:槲寄生、川木通、大血藤、杜仲、秦皮、地骨皮、香加皮。

3)叶花类药材和饮片:蓼大青叶、丁香、辛夷、洋金花、红花、蒲黄。

4)果实种子类药材和饮片:木瓜、巴豆、山茱萸、连翘、豆蔻、桃仁、酸枣仁。

5)全草类药材和饮片:石韦、金钱草、荆芥、肉苁蓉、紫花地丁、茵陈。

6)藻、菌、树脂及其他类药材和饮片:灵芝、猪苓、苏合香、安息香、海金砂、五倍子。

2. 动物类中药商品　取动物类中药商品标本,首先按其性状等确定药用部位,然后再分别按形状、大小、颜色、表面特征、质地、断面、气味等特征进行观察和描述。粉末性动物类中药商品要仔细观察其颜色、质地和气味等,必要时配合显微鉴别。

基本内容

药材和饮片:地龙、珍珠、全蝎、蟾酥、蛤蚧、金钱白花蛇、鹿茸、牛黄、羚羊角等。

选做内容

药材和饮片:石决明、水蛭、蜈蚣、僵蚕、哈蟆油、蕲蛇、乌梢蛇、阿胶等。

3. 矿物类中药商品　取矿物类中药商品标本,首先根据矿物的一般性质进行鉴别,然后再按形状、颜色、硬度、表面特征、纹理、断口、光泽、条痕、气味等特征进行观察和描述。粉末性矿物类中药商品要观察颜色、质地和气味等,必要时可配合理化定性鉴别。

基本内容

药材和饮片:朱砂、雄黄、自然铜、石膏等。

选做内容

药材和饮片:赭石、滑石、芒硝、龙骨等。

4. 制剂类商品　取中成药标本,首先检查内外包装和标签,然后再按不同剂型的要求检查商品的外观质量,按以下顺序观察和描述:

(1)内外包装的检查:检查内包装是否清洁干燥、封牢、捆扎紧固;瓶、塞、纸盒、塑料袋、纸袋、金属筒等容器及容器外的标签、瓶内的填充物等是否规范标准。同时检查避光、密闭、密封、熔封等的包装情况。

(2)外包装检查:检查是否印有品名、规格、数量、批号、有效期、注意事项、批准文号、商标、厂牌等,有无包装标志,如“易碎”、“小心轻放”、“请勿倒置”、“防潮”、“防热”、“防冻”等,箱内有无合格证。

(3)标签检查:包括品名、规格、成分含量、厂牌、批号、用途、用法、用量、禁忌、批准文号、注册商标、有效期、贮存条件等。检查标签印字是否清晰规范、粘贴是否牢固标准。

(4)质量检查:按不同剂型项下各成方制剂的外观质量标准进行检查。

基本内容

中成药：二妙丸、十全大补丸、六味地黄丸、牛黄解毒片、七厘散、注射用双黄连、一清颗粒、复方丹参滴丸等。

选做内容

中成药：清喉咽合剂、川贝枇杷糖浆、紫金锭、藿香正气水、伤湿止痛膏等。

【要点及难点解析】

1. 中药商品性状鉴别法见附录二“药材检定通则”。

2. 植物类药材及饮片性状鉴别要点

(1)根及根茎类：形状、表面特征、横折断面。

(2)茎、木类：表面纹理、颜色、断面、气味。

(3)皮类：内外表面、横折断面、气味。

(4)叶类：形状、大小、表面、质地。

(5)花类：药用部位、形状、表面、质地、气味。

(6)果实类：类型、形状、大小、颜色、表面特征、断面、气味。

(7)种子类：药用部位、形状、大小、表面。

(8)全草类：依据科属特征，分别从根、茎、叶、花、果、种子等部位观察。

(9)其他：形状、大小、颜色、表面、质地、断面、气味。

3. 动物类中药商品性状鉴别要点　药用部位、形状、大小、颜色、断面特征、气味、水试、火试等。

4. 矿物类药材及饮片性状鉴别要点　形状、颜色、硬度、断口、光泽、条痕、气味等。

5. 制剂类商品性状鉴别要点　外包装检查、内包装检查、标签检查、质量检查等。质量检查参见教材第十三章第二节。

【习题与作业】

1. 总结各类中药商品性状鉴别的基本方法和性状描述的主要内容。

2. 描述陈列中药的主要商品特征，比较药材与饮片的主要区别。

3 中药商品优良度的检查

3.1 药材规格等级的划分

【实验目的】

1. 掌握药材规格、等级划分的基本理论和基本方法。

2. 熟悉国家对药材规格等级划分的有关标准依据。

3. 通过对商品药材进行规格和等级的划分，培养学生制定药材规格、等级标准的能力。

【基本原理】

药材的性状特征与其生境、产地、采收时间、加工方法、药用部位等有着密切的关系，而这些因素与特征又与临床疗效（质量）密切相关。

【仪器与材料】

1. 仪器　天平等。

2. 材料　不同规格等级的商品药材：牛膝 3 个等级；白芍 4 个等级，杭白芍 7 个等级；三七 13 个等级；浙麦冬、川麦冬 3 个等级；亳菊、滁菊、贡菊、杭菊 3 个等级，药菊、汤菊 2 个等级；宁夏枸杞子 5 个等级，津枸杞子 5 个等级；凤丹皮 4 个等级，连丹皮 4 个等级，刮丹皮 4 个等级；杜仲 2 个等级；密银花、济银花 4 个等级；山银花 2 个等级；五味子 2 个等级；南五味子统货（供试品需在药材市场购买，购买时应确定产地和不同规格等级）。

3. 其他　直尺、刀片、白纸、搪瓷盘等。

【实验内容与操作方法】

参考《中药商品学》（第 2 版）教材有关章节，依据部颁标准的相关规定，对药材商品的规格进行检验。

基本内容

1. 牛膝　依据根中上部的直径、长度等分为 3 等，一等（头肥）、二等（二肥）、三等（平条）。

2. 白芍　依据产地划分为白芍、杭白芍 2 个规格。再依据根的色泽、长度、根中部的直径，白芍分为 4 个等级；杭白芍分为 7 个等级。

3. 三七　依据采收季节划分为春七、冬七 2 个规格；再依据每 500g 的头数、色泽、长度和部位等各划分为 13 个等级。

4. 麦冬　依据产地划分为浙麦冬、川麦冬 2 个规格。再依据每 50g 的粒数、杂质、油粒的比例等，浙麦冬分为 3 个等级，川麦冬分为 3 个等级。

5. 菊花　依据产地划分为亳菊、滁菊、贡菊、杭菊、药菊、汤菊 6 个规格。再依据头状花序的大小、色泽、完整程度等，将药菊和汤菊划分为2个等级，其余分为3个等级。

6. 枸杞子　依据来源划分为宁夏枸杞子、津枸杞子2个规格。再依据每50g的粒数、色泽、杂质等宁夏枸杞子分为5个等级，津枸杞子分为5个等级。

选做内容

1. 牡丹皮　依据产地、加工方法等划分为凤丹皮、连丹皮、刮丹皮3个规格。再依据长度、中部围粗及碎节比例等各分为4个等级。

2. 杜仲　依据树皮的长度、宽度及厚度等划分2个等级。

3. 金银花和山银花　金银花依据产地和来源划分为密银花、济银花2个规格，再依据花的色泽、开放花、黑头、枝叶等的比例，密银花、济银花分为4个等级。山银花分2个等级。

4. 五味子和南五味子　五味子依据色泽和饱满程度、干瘪粒的比例，分为2个等级。南五味子为统货。

【要点及难点解析】

1. 划分品别的依据　通常按药材商品的品种、生境、产地的不同等划分品别。

2. 划分规格的依据　通常按产地的不同、生长期及采集时间的不同、产地加工方法的不同、药用部位的不同、外部形态的不同、老嫩程度不同、来源不同等划分规格。

3. 划分等级的依据　在品别或规格下面，通常按色泽的不同、饱满程度的不同、单个药材重量的不同、个体大小的不同、单位重量中所含药材个数的不同、个体厚度的不同、纯净程度的不同等划分等级。

4. 目前一些常用药材具有规格等级的商品正在逐渐减少，代之以不分等级的统货。

【习题与作业】

1. 总结商品药材规格等级划分的基本方法与依据。

2. 记录牛膝等药材规格等级划分的结果，并分析商品药材的规格等级是否与国家部颁标准相符合。

3.2　药材道地性鉴别

【实验目的】

1. 熟悉药材道地性鉴别的基本理论和基本方法，培养学生识别道地药材和制定其性状质量标准的初步能力。

2. 掌握供试药材道地性特征，学习以道地性特征来鉴别不同产地来源的药材商品的方法。

【基本原理】

药材生产的地域性很强，实践证明药材的质量与产地有着密切的关系，不同的生境使药材的外观形态和内在质量具有很大的差异。道地药材是在某个地区特殊天时、地利的生长条件和历代药农采用独特的栽培、养殖、加工方法，而形成和生产的优质高产中药商品的代名词。研究商品药材的道地性是中药商品学的重要任务之一，药材的道地性特征也是中药经营管理中重要的外观质量标准。

【仪器与材料】

1. 仪器　放大镜等。

2. 材料　白芷类药材:川白芷、祁白芷、禹白芷;麦冬类药材:川麦冬、浙麦冬;山麦冬;菊花类药材:杭白菊、杭黄菊、亳菊、贡菊、滁菊、祁菊、济菊、怀菊;枸杞子类药材:宁夏枸杞子、新疆枸杞子、内蒙枸杞子、津枸杞子;五味子和南五味子;金银花类药材:济银花、密银花;山银花;牡丹皮类药材:凤丹皮、原丹皮、刮丹皮;北沙参类药材:莱阳沙参、安国产沙参;龙胆类药材:关龙胆、坚龙胆。

3. 其他　直尺、刀片、搪瓷盘、白纸等。

【实验内容与操作方法】

将各类商品药材依据其性状特征和产地进行鉴别,明确道地药材并记录其性状特征。

基本内容

1. 白芷类　杭白芷、川白芷、祁白芷、禹白芷。
2. 麦冬类　浙麦冬、川麦冬、山麦冬。
3. 金银花类　济银花、密银花、山银花。
4. 菊花类　杭白菊、杭黄菊、亳菊、贡菊、滁菊、祁菊、济菊、怀菊。
5. 枸杞子类　宁夏枸杞子、新疆枸杞子、内蒙枸杞子、津枸杞子。

选做内容

1. 龙胆类　关龙胆、坚龙胆。
2. 北沙参类　莱阳沙参、安国产沙参。
3. 五味子和南五味子。
4. 牡丹皮类　凤丹皮、原丹皮、刮丹皮。

【要点及难点解析】

1. 白芷类　川白芷根圆锥形,皮孔大略集中于四棱,形成层环圆方形。杭白芷圆锥形,根头部有方棱,粉性强,皮孔排成4列,形成层环略方形。祁白芷圆锥形,皮孔散生,粉性小,有油性,形成层环类圆形。

2. 麦冬类　浙麦冬纺锤形,中部肥厚,黄白色,断面黄白,中间有木心。川麦冬短小,乳白色,木心细软。

山麦冬　长圆状纺锤形,类白色,半透明,木心细软。

3. 金银花类　济银花黄白色,较长,棒状,肥壮,质较硬,顶手感不明显。密银花淡绿色,较短,花冠厚,质较硬,握之有顶手感。河北金银花灰白色,长而不直,花冠薄,质软。

山银花　黄白色或黄棕色,瘦长或短小,开放花朵较多。

4. 菊花类　杭菊呈碟形,数个相连成片,舌状花类白色或黄色,彼此黏连,管状花多数,外露。亳菊倒圆锥形,舌状花类白色,较松散,管状花较少,隐藏,质较软。滁菊呈扁球形,舌状花类白色紧密,管状花多数,外露。贡菊扁球形,舌状花白色紧密,管状花极少,质脆。怀菊扁球形,舌状花类白色或浅红色,较松散,管状花少,质较软。祁菊圆球形,舌状花类白色或淡红色,较紧密,管状花少,质较软。

5. 枸杞子类　宁夏枸杞子纺锤形,红色或暗红色,基部有大而明显的白色果柄痕,果皮厚,果肉多,味甜。津枸杞子椭圆形,小而压扁,鲜红色,果皮薄,果肉少,种子多,味甜微酸。新疆枸杞子椭圆形,个小,红色,果肉多,味甜。内蒙枸杞子纺锤形,个较小,果肉多,味甜。

【习题与作业】

1. 写出杭白芷等商品药材的道地性特征，拟订出性状质量评价标准。

2. 比较各类商品药材鉴别的主要特征，找出道地性的区别点。

3.3　特定药用部位的检测

【实验目的】

1. 掌握中药商品中特定药用部位检测的基本方法。

2. 通过对中药商品特定药用部位的检测，培养学生制定中药商品性状质量评价标准的能力。

【基本原理】

特定药用部位的检测是指对中药商品某些特定的药用部位在检品中所占比例的检测。这些特定药用部位往往是指中药商品中药效物质富集的部位，特定药用部位的比例可以作为中药商品优良度的评价标准。

【仪器与材料】

1. 仪器　天平、电子天平、实体镜、放大镜等。

2. 材料　药材及饮片：薄荷、广藿香、穿心莲、生麦芽、生稻芽等。

【实验内容与操作方法】

称取一定量的商品药材或饮片，按要求将不同的部位分别称重，计算各部位所占的百分比。

基本内容

1. 薄荷　药材或饮片中叶片含量的检查。

2. 穿心莲　药材及饮片中叶片含量的检查。

3. 广藿香　药材及饮片中叶片含量的检查。

选做内容

1. 麦芽　取本品10g，摊成正方形，依对角线画“×”，取对角两份供试品，检查出芽粒数与总粒数，计算出芽率(%)。

2. 稻芽　取本品摊成正方形，依对角线画“×”，取对角两份供试品至约10g，检查出芽粒数与总粒数，计算出芽率(%)。

【要点及难点解析】

1. 商品药材药用部位的检测，首先要明确该药材的优质药用部位及所含的药效物质，并明确该部位的性状特征。

2. 薄荷油主要存在于叶片表面的腺鳞或腺毛中，所以，药材的叶中挥发油较多，药材质量一般以“叶多、色深绿、味清凉、香气浓者为佳”。《中国药典》规定薄荷药材的“叶不得少于30%”。

3. 穿心莲药材的有效成分穿心莲内酯类苦味成分主要含于叶肉组织中，一般认为药材质量应以“叶多、色绿、味苦者为佳”，《中国药典》规定穿心莲药材的“叶不得少于30%”。

4. 广藿香的主要有效成分挥发油含于叶片的腺鳞、腺毛和细胞间隙腺毛中。一般认为广藿香药材以“叶多、香气浓者为佳”。《中国药典》规定广藿香药材的“叶不得少于 20%”。

5. 麦芽、稻芽的主要成分为淀粉酶，存在于发芽的颖果中，出芽率高。《中国药典》规定麦芽和稻芽药的“出芽率不得少于 85%”。

【习题与作业】

1. 总结中药商品特定药用部位检测的基本方法和适用对象。
2. 计算薄荷等药材特定药用部位的检测结果，分析各供试品的质量。

3.4 浸出物含量测定

【实验目的】

1. 熟悉中药商品中浸出物含量测定的方法及适用对象。
2. 掌握丹参等商品药材和饮片浸出物含量测定的步骤与方法。

【基本原理】

中药商品水或其他溶剂的浸出物含量在一定条件下是一个范围值。本方法适用于药效成分或指标性成分尚不甚清楚，或药效成分虽然清楚，但尚无精确含量测定方法的商品药材的质量控制。

【仪器、材料与试剂】

1. 仪器　分析天平、药物天平、小型粉碎机、标准药筛、干燥箱、水浴锅、干燥器、红外干燥箱、磨口具塞锥形瓶(100～250ml，250～300ml)、移液管(20ml，25ml，50ml，100ml)、漏斗、蒸发皿、回流提取装置等。

2. 材料　丹参商品：丹参药材、丹参饮片；连翘商品：青翘、老翘。大黄商品：大黄药材、大黄片、酒大黄、醋大黄等；当归商品：当归药材、当归片、酒当归等。

3. 试剂　65%乙醇，70%乙醇。

4. 其他　称量纸，滤纸，定量滤纸等。

【实验内容与操作方法】

1. 水溶性浸出物测定法

(1)冷浸法：取不同供试品各约 4g，精密称定(准确至 0.01g)，分别置 250～300ml 的锥形瓶中，精密加入水 100ml，密塞，冷浸，前 6h 内时时振摇，再静置 18h，用干燥滤器迅速滤过，精密量取滤液 20ml，置已干燥至恒重的蒸发皿中，在水浴上蒸干后，于 105℃干燥 3h，置干燥器中冷却 30min，迅速精密称定重量。以干燥品计算供试品中水溶性浸出物的含量(%)。

(2)热浸法：取不同供试品各 2～4g，精密称定，置 100～250ml 的锥形瓶中，精密加水 50～100ml，密塞，称定重量，静置 1h 后，连接回流冷凝管，加热至沸腾，并保持微沸 1h。放冷后，取下锥形瓶，密塞，再称定重量，用水补足减失的重量，摇匀，用干燥滤器滤过。精密量取滤液 25ml，置已干燥至恒重的蒸发皿中，在水浴上蒸干后，于 105℃干燥 3h，置干燥器中冷却 30min，迅速精密称定重量。以干燥品计算供试品中水溶性浸出物的含量(%)。

2. 醇溶性浸出物测定法　照《中国药典》水溶性浸出物测定法测定(热浸法须在水浴上加热)。除另有规定外，以各品种项下规定浓度的乙醇或甲醇代替水为溶剂。

【要点及难点解析】

1. 测定用的供试品应粉碎，并能全部通过二号筛，混合均匀后取样。

2. 丹参水溶性浸出物(冷浸法)不得少于 35.0%；青翘 65%乙醇浸出物(冷浸法)不得少于 30.0%；老翘 65%乙醇浸出物(冷浸法)不得少于 16.0%。

大黄水溶性浸出物(热浸法)不得少于 25.0%；当归 70%乙醇浸出物(热浸法)不得少于 45.0%。

3. 每个供试品应做 3 个平行样。

4. 尚有挥发性醚浸出物测定法　取供试品(过四号筛)2～5g，精密称定，置五氧化二磷干燥器中干燥 12h，置索氏提取器中，加乙醚适量。除另有规定外，加热回流 8h。取乙醚液，置干燥至恒重的蒸发皿中，放置，挥去乙醚，残渣置五氧化二磷干燥器中干燥 18h，精密称定，缓缓加热至 105℃，并于 105℃干燥至恒重。其减失重量即为挥发性醚浸出物的重量。用于含挥发性成分的中成药。

【习题与作业】

1. 简述中药商品浸出物含量测定的基本方法。

2. 叙述丹参、当归商品药材浸出物含量测定的基本步骤。

3. 记录和计算实验结果，分析各供试品是否符合国家药品标准。

3.5　挥发油含量测定

【实验目的】

1. 掌握用挥发油含量控制中药商品质量的方法。

2. 熟悉中药商品中挥发油含量测定的基本方法及适用对象。

【基本原理】

利用中药商品中的挥发油成分可与水蒸气同时蒸馏出来的性质，采用挥发油测定器测定中药商品中挥发油的含量，以控制中药商品的内在质量。

【仪器与材料】

1. 仪器　分析天平、电热套、小型粉碎机、标准药筛、硬质圆底烧瓶、挥发油测定器、冷凝管、量筒、烧杯、玻璃珠等。

2. 材料　细辛类药材：野生细辛和家种细辛(或砂仁等)。

3. 其他　称量纸、定量滤纸等。

【实验内容与操作方法】

1. 仪器装置　见图 2：A 为 1000ml(或 500ml，2000ml)的硬质圆底烧瓶，上接挥发油测定器 B，B 的上端连接回流冷凝管 C。以上各部均用玻璃磨口连接。测定器 B 应具有 0.1ml 的刻度。全部仪器应充分洗净，并检查接合部分是否严密，以防挥发油逸出(挥发油测定器的支管分岔处应与基准线平行)。

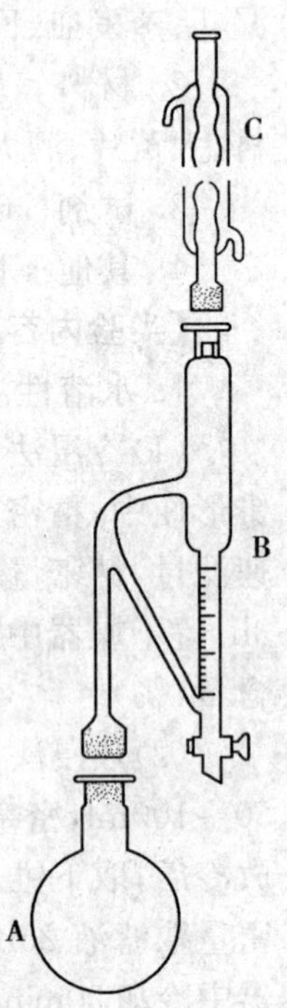

图 2　挥发油测定仪器装置

2. 测定法　取细辛粉末约 4.0g，称定重量(准确至 0.01g)，置烧瓶中，加水 300～500ml 与玻璃珠数粒，振摇混合后，连接挥发油测定器与回流冷凝管。自冷凝管上端加水使充满挥发油测定器的刻度部分，并溢流入烧瓶时为止。置电热套中或其他适宜方法缓缓加热至沸，并保持微沸约5h，至测定器中油量不再增加，停止加热，放置片刻，开启测定器下端的活塞，将水缓缓放出，至油层上端到达刻度0线上面5mm处为止。放置1h以上，再开启活塞使油层下降至其上端恰与刻度0线平齐，读取挥发油量，并计算供试品中挥发油的含量(%)。

【要点及难点解析】

1. 测定用供试品应粉碎，并全部通过二至三号筛，混合均匀后取样。

2. 本方法适用于相对密度在1.0以下的挥发油的测定。

3. 供试品的取样量应相当于挥发油0.5～1.0ml。

4. 相对密度在1.0以上的挥发油的测定方法　取水约300ml与玻璃珠数粒，置烧瓶中，连接挥发油测定器。自测定器上端加水使充满刻度部分，并溢流入烧瓶时为止，再用移液管加入二甲苯1ml，然后连接回流冷凝管。将烧瓶内容物加热至沸腾，并继续蒸馏，其速度以保持冷凝管的中部呈冷却状态为度。30min后，停止加热，放置15min以上，读取二甲苯的容积。然后照上法自“取供试品适量”起，依法测定，自油层量中减去二甲苯量，即为挥发油量，再计算供试品中挥发油的含量(%)。

5. 细辛含挥发油不得少于2.0%(ml/g)。

【习题与作业】

1. 简述中药中挥发油测定的基本方法和基本原理。

2. 记述细辛挥发油含量测定的基本步骤。

3. 记录和计算实验结果，分析各供试品是否符合国家药品标准。

3.6　药效物质的含量测定

3.6.1　黄芩药材及其饮片中黄芩苷的含量测定

——高效液相色谱法

【实验目的】

1. 熟悉高效液相色谱法测定中药药效物质含量的基本理论和基本方法。

2. 掌握高效液相色谱法测定黄芩及其炮制品中黄芩苷含量的色谱条件和操作步骤。

3. 检测黄芩不同炮制品的质量。

【基本原理】

高效液相色谱法系采用高压输液泵将规定的流动相泵入装有填充剂的色谱柱进行分离测定的色谱方法。注入的供试品，由流动相带入柱内，各成分在柱内被分离，并依次进入检测器，由记录仪、积分仪或数据处理系统记录色谱信号。高效液相色谱法适用于多组分中药的分离、大分子物质或杂质的检查。

【仪器、材料与试剂】

1. 仪器　高效液相色谱仪、分析天平、真空干燥器、真空泵、水浴锅、标准药筛、小型粉碎机、加热回流提取装置、容量瓶、漏斗、微量进样器(10μl)、微孔滤膜、锥形瓶、吸管、烧杯、量筒等。

2. 材料 黄芩药材、黄芩片、酒黄芩等的粉末，黄芩苷。

3. 试剂 甲醇(色谱纯)、磷酸(分析纯)、重蒸水、70%乙醇等。

4. 其他 定量滤纸、称量纸、擦镜纸、打印纸等。

【实验内容与操作方法】

1. 色谱条件与系统适用性试验 以十八烷基硅烷键合硅胶为填充剂，甲醇-水-磷酸(47：53：0.2)为流动相，检测波长280nm，理论板数按黄芩苷峰计算应不低于2500。

2. 对照品溶液的制备 精密称取在60℃减压干燥4h的黄芩苷对照品适量，加甲醇制成每1ml含60μg的溶液，即得。

3. 供试品溶液的制备 取黄芩及其炮制品中粉各约0.3g，精密称定，加70%乙醇40ml，置水浴中加热回流3h，放冷，滤过，滤液置100ml量瓶中，用少量70%乙醇分次洗涤容器和残渣，洗液滤入同一量瓶中，加70%乙醇稀释至刻度，摇匀。精密量取1ml，置10ml量瓶中，加甲醇稀释至刻度，摇匀，即得。

4. 测定法 分别精密吸取对照品溶液与供试品溶液各10μl，注入高效液相色谱仪，测定。即得。

5. 计算 以干燥品计算黄芩药材及其炮制品中黄芩苷的含量(%)。

【要点及难点解析】

1. 按干燥品计算，黄芩药材中含黄芩苷($C_{21}H_{18}O_{11}$)不得少于9.0%；不同炮制品含黄芩苷，均不得少于8.0%。

2. 黄芩药材及其饮片均粉碎，使全部通过四号筛，并混有能通过五号筛的不超过60%的粉末。黄芩及其炮制品水分的测定采用烘干法。

3. 对仪器的一般要求 所用仪器为高效液相色谱仪，供试品为药典收载的品种，色谱柱的填充剂和流动相的组分应按照供试品项下的规定。常用的色谱柱填充剂有硅胶和化学键合硅胶。后者以十八烷基硅烷键合硅胶最为常用。进样量一般为数μl，柱温为室温，检测器为紫外检测器。使用紫外检测器时，所用流动相应符合紫外分光光度法对溶剂的要求。

4. 进样前的溶液应澄清，进样前应经微孔滤膜(0.22μm)滤过。

5. 本实验采用外标法计算含量。计算公式：$C_X = C_R \dfrac{A_X}{A_R}$ (C_X为供试品的浓度，C_R为对照品的浓度，A_X为供试品峰面积或峰高，A_R为对照品峰面积或峰高)。

【习题与作业】

1. 试述高效液相色谱法测定中药药效物质含量的基本理论和基本方法。

2. 简述高效液相色谱法测定黄芩药材及饮片中黄芩苷含量的色谱条件和操作步骤。

3. 计算黄芩药材及饮片中黄芩苷的含量，分析并比较药材与其饮片的含量差异。

3.6.2 淫羊藿药材及其饮片中总黄酮的含量测定
——紫外分光光度法

【实验目的】

1. 掌握紫外分光光度法测定中药药效物质含量的基本理论和基本方法。

2. 熟悉紫外分光光度法测定淫羊藿药材及饮片中总黄酮的光谱条件和操作步骤。

3. 检测淫羊藿商品药材中淫羊藿苷的含量。

【基本原理】

紫外分光光度法是通过测定供试品在紫外光区特定波长处或一定波长范围内光的吸收度，对该物质进行定性或定量分析的方法。Lambert-Beer 定律是紫外见分光光度法定量分析的依据，即物质在一定波长处的吸光度与该物质的浓度之间呈线性关系，其计算公式为：$A=log(1/T)=ECL$　其中 A 为吸收度，T 为透光率，E 为吸收系数，C 为溶液浓度，L 为光路长度。

【仪器、材料与试剂】

1. 仪器　紫外分光光度计、分析天平、药物天平、超声波清洗器、小型粉碎机、标准药筛、干燥箱、干燥器、具塞锥形瓶、吸管、烧杯、容量瓶、移液管等。

2. 材料　淫羊藿药材，炙淫羊藿，淫羊藿苷。

3. 试剂　稀乙醇，甲醇。

4. 其他　定量滤纸、擦镜纸、称量纸、色谱记录纸等。

【实验内容与操作方法】

1. 供试品溶液的制备　取淫羊藿叶、炙淫羊藿粉末(过三号筛)各约 0.2g，精密称定，置具塞锥形瓶中，精密加入稀乙醇 20ml，称定重量，超声处理 1h，再称定重量，用稀乙醇补足减失的重量，摇匀，滤过，取续滤液 0.5ml，置 50ml 量瓶中，加甲醇至刻度，摇匀，作为供试品溶液。

2. 对照品溶液的制备　精密称取淫羊藿苷对照品，加甲醇制成每 1ml 含 10μg 的溶液，作为对照品溶液。

3. 吸收度测定　分别取供试品溶液和对照品溶液，以相应试剂为空白，用紫外分光光度计，在 270nm 波长处测定吸光度。

4. 计算　根据测定的吸光度与对照品的吸光度值比较，计算各供试品中总黄酮的含量(%)。

【要点及难点解析】

1. 淫羊藿叶、炙淫羊藿按干燥品计算，含总黄酮以淫羊藿苷($C_{33}H_{40}O_{15}$)计，不得少于 5.0%。水分测定采用烘干法。

2. 本实验采用的计算方法为对照品比较法　按淫羊藿项下规定，分别配制供试品溶液和对照品溶液，对照品溶液中所含被测成分的量应为供试品溶液中被测成分规定量的(100±10)%，所用溶剂也应完全一致，在规定的波长处测定供试品溶液和对照品溶液的吸光度后，按下列公式计算：$C_X=(A_X/A_R)C_R$

C_X：为供试品溶液的浓度　A_X：为供试品溶液的吸光度

A_R：为对照品溶液的浓度　C_R：为对照品溶液的吸光度

3. 吸光度测定时，应做重复实验。

【习题与作业】

1. 试述紫外分光光度法测定中药药效物质含量的基本理论和基本方法。

2. 简述紫外分光光度法测定淫羊藿药材及饮片中总黄酮的光谱条件和操作步骤。

3. 计算淫羊藿药材及饮片中总黄酮的含量，分析并比较不同商品总黄酮的含量差异。

3.6.3　丁香商品药材中丁香酚的含量测定

——气相色谱法

【实验目的】

1. 掌握气相色谱法在中药药效物质含量测定方面的基本理论和基本方法。

2. 掌握气相色谱法测定丁香中丁香酚含量的色谱条件和操作步骤。

3. 比较不同批次丁香商品药材中丁香酚的含量。

【基本原理】

气相色谱法系用气体为流动相(载气)流经装有填充剂的色谱柱，进行分离测定的色谱方法。物质或其衍生物气化后，被载气带入色谱柱进行分离，各组分先后进入检测器，用记录仪、积分仪或数据处理系统记录色谱信号。根据各组分的量(重量或在载气中的浓度)与其响应值(峰面积)成正比关系，采用外标法计算含量。

【仪器、材料与试剂】

1. 仪器　气相色谱仪、分析天平、药物天平、超声波清洗器、小型粉碎机、标准药筛、微量进样器、容量瓶(10ml，100ml)、移液管、烧杯、滴管等。

2. 材料　不同批次的丁香商品药材，丁香酚对照品。

3. 试剂　正已烷等。

4. 其他　定量滤纸、擦镜纸、称量纸、色谱记录纸等。

【实验内容与操作方法】

1. 色谱条件与系统适用性试验　以聚乙二醇(PEG)-20M 为固定相，涂布浓度为10%，柱温 190℃。理论板数按丁香酚峰计算应不低于 1500。

2. 对照品溶液的制备　取丁香酚对照品适量，精密称定，加正已烷制成每 1ml 含2mg 的溶液，即得。

3. 供试品溶液的制备　取不同批次丁香样品粉末(过二号筛)各约 0.3g，精密称定，精确加入正已烷 20ml，称定重量，超声处理 15min，放置至室温，再称定重量，用正已烷补足减失的重量，摇匀，滤过，即得。

4. 测定法　分别精密吸取对照品溶液与供试品溶液各 1μl，注入气相色谱仪，测定。

5. 计算　采用外标法，计算不同批次丁香商品药材中丁香酚的含量(%)。

【要点及难点解析】

1. 气相色谱法主要用于商品药材中挥发性成分的含量测定。

2. 采用气相色谱法进行含量测定，有内标法、外标法、面积归一化法、标准溶液加入法等。手工进样时，一般采用内标法定量；用自动进样器，可用外标法定量；本实验采用的是外标法定量，计算公式同高效液相色谱法。

3. 不同批次丁香商品药材的质量有差异，《中国药典》规定丁香药材中丁香酚含量不得少于 11.0%。

【习题与作业】

1. 简述气相色谱法在中药药效物质含量测定方面的基本理论和基本方法。

2. 记述气相色谱法测定不同批次丁香药材中丁香酚的色谱条件和操作步骤。

3. 记录和计算丁香酚的含量测定结果，分析丁香商品药材中丁香酚的含量差异。

3.6.4　槟榔药材及其饮片中醚溶性生物碱的含量测定
——酸碱滴定法

【实验目的】

1. 掌握酸碱滴定法在中药药效物质含量测定方面的基本理论和基本方法。

2. 掌握酸碱滴定法测定槟榔药材及饮片中醚溶性生物碱的实验条件和操作步骤。

3. 检测并比较槟榔药材及饮片中醚溶性生物碱的含量。

【基本原理】

本实验利用槟榔中醚溶性生物碱可以溶解于乙醚，又可溶解于稀酸水溶液中形成盐类，以甲基红为指示剂，使溶液变成红色。然后以 0.02mol/l 的氢氧化钠滴定液滴定至终点。根据消耗碱液的量，计算供试品中醚溶性生物碱的含量。

【仪器、材料与试剂】

1. 仪器　分析天平、药物天平、小型粉碎机、标准药筛、具塞锥形瓶、分液漏斗、量筒、试剂瓶、碱式滴定管、烧杯、吸管、蒸发皿等。

2. 材料　槟榔、槟榔片、炒槟榔、焦槟榔等粗粉。

3. 试剂　乙醚、氨试液、无水硫酸钠、滑石粉、0.01mol/l 硫酸滴定液、甲基红指示液、0.02mol/l 氢氧化钠滴定液等。

4. 其他　定量滤纸、擦镜纸、称量纸等。

【实验内容与操作方法】

1. 供试品溶液的制备　取槟榔及其炮制品粗粉各约 8g，精密称定，置具塞锥形瓶中，加乙醚 80ml，振摇后加氨试液 4ml，振摇 10h，加无水硫酸钠 10g，振摇 5min，静置俟沉淀，分取乙醚液，置分液漏斗中，残渣用乙醚洗涤 3 次，每次 10ml，合并醚液，加滑石粉 0.5g，振摇 3min，加水 2.5ml，振摇 3min，静置，至上层醚液澄清时，分取醚液，水层用少量乙醚洗涤，合并醚液，低温蒸发至约 20ml，移置分液漏斗中，精密加入 0.01mol/l 硫酸滴定液 20ml，振摇提取，静置待分层，分取醚层，醚层用水振摇洗涤 3 次，每次 5ml，合并洗液与酸液，作为供试品溶液。

2. 测定方法　取供试品溶液，加甲基红指示液数滴，用 0.02mol/l 氢氧化钠滴定液滴定。

3. 计算　按干燥品计算，每 1ml 0.01mol/l 硫酸滴定液相当于 3.104mg 的槟榔碱（$C_8H_{13}NO_2$）。

【要点及难点解析】

1. 本品含醚溶性生物碱以槟榔碱（$C_8H_{13}NO_2$）计，不得少于 0.30%。干燥采用烘干法。

2. 甲基红指示液酸性条件为红色，碱性条件下为黄色。

3. 各地槟榔加工炮制的方法各异，或虽为同一加工炮制方法，但因掌握火候程度不一，也会造成不同炮制品药效组分的差异。因此，不同生产厂家、甚至不同批次生产的槟榔炮制品的质量具有不一致性。测定并比较生槟榔及不同炮制品中槟榔碱的含量。

【习题与作业】

1. 试述酸碱滴定法在中药药效物质含量测定方面的基本理论和基本方法。

2. 简述酸碱滴定法测定槟榔药材及饮片中醚溶性生物碱的实验条件和操作步骤。

3. 计算槟榔药材及饮片中醚溶性生物碱的含量，分析不同供试品的含量差异。

3.6.5　二妙丸中盐酸小檗碱的含量测定
——薄层扫描法

【实验目的】

1. 掌握薄层扫描法测定中药效物质含量的基本理论和基本方法。

2. 掌握用薄层扫描法测定二妙丸中生物碱类成分含量的色谱条件和操作步骤。

3. 检测市售二妙丸中盐酸小檗碱的含量。

【基本原理】

薄层扫描法系指用一定波长的光照射在薄层板上，对薄层色谱中可吸收紫外光或可见光的斑点，或经照射激发后能产生荧光的色谱斑点进行扫描，将扫描得到的图谱及其积分数据用于鉴别、检查或含量测定。即用反射法或透射法测定光束的强度，将其积分数据与浓度作图或与对照品比较，计算供试品中被测组分的含量。

【仪器、材料与试剂】

1. 仪器　分析天平、索氏提取器、水浴锅、薄层扫描仪、蒸发皿、漏斗、滤纸、容量瓶(10ml、50ml)、定量毛细管(1μl、2μl)、硅胶 G 薄层板、玻璃板、双槽展开缸、研钵、烧杯、量筒等。

2. 材料　2～3 个厂家生产的二妙丸、盐酸小檗碱对照品。

3. 试剂　乙醚、甲醇、苯、乙酸乙酯、异丙醇、浓氨试液、氨水等。

【实验内容与操作方法】

1. 供试品溶液制备　取不同厂家生产的二妙丸适量，研细，各取约 1g，精密称定，置索氏提取器中，加乙醚适量，加热回流 1～2h，弃去乙醚液，残渣挥去乙醚，加甲醇适量，回流提取至提取液无色，将提取液(必要时适当浓缩)转移至 50ml 量瓶中，用甲醇稀释至刻度，摇匀，作为供试品溶液。

2. 对照品溶液制备　取盐酸小檗碱对照品适量，精密称定，加甲醇制成每 1ml 含 0.06mg 的溶液，作为对照品溶液。

3. 薄层色谱　精密吸取供试品溶液 1μl、对照品溶液 1μl 和 3μl，分别交叉点于同一硅胶 G 板上，以苯-乙酸乙酯-异丙醇-甲醇-浓氨试液(12∶6∶3∶3∶1)为展开剂，置于氨蒸气与展开剂同时预饱和 15min 的双槽展开缸内，展开，取出，晾干。

4. 测定方法　在薄层板上覆盖同样大小的玻璃板，周围用胶布固定，用薄层扫描法进行荧光扫描，激发波长 λ=365nm。

5. 计算　测量供试品吸光度积分值与对照品吸光度积分值，计算。

【要点与难点解析】

1. 薄层扫描定量测定应保证供试品斑点的量在线形范围内，必要时可适当调整供试品溶液的点样量，供试品与对照品应同板点样、展开、扫描、测定和计算。

2. 薄层色谱扫描用于含量测定时，通常采用线性回归二点法计算，如线性范围很窄时，可用多点法校正多项式回归计算。供试品溶液与对照品溶液应交叉点样于同一薄层板上，供试品点样不得少于 2 个，对照品每一浓度不得少于 2 个。扫描时，应沿着展开方向扫描，不可横向扫描。

3. 薄层扫描含量测定应使用市售薄层板。含量测定时，还应进行线性范围、同板精密度、异板精密度、回收率等方面的考察。

4. 采用薄层扫描法测定中药制剂中药效组分的含量时，通常要用相应的原料药按需要组合，做成阴性对照，然后再比较其薄层扫描图谱或积分数据进行鉴别。

5. 二妙丸按干燥品计算，每1g含盐酸小檗碱（$C_{20}H_{18}ClNO_4$）计，不得少于3.0mg。水分测定采用烘干法。

【习题与作业】

1. 简述薄层扫描法在中药药效物质含量测定方面的基本理论和基本方法。

2. 记述薄层扫描法测定盐酸小檗碱含量的色谱条件和操作步骤。

3. 记录和计算含量测定结果，并分析不同厂家生产的二妙丸中盐酸小檗碱的含量差异。

4 中药商品的安全性检测

4.1 农药残留量的测定

——黄芪等商品药材中农药残留量的测定

【实验目的】

1. 掌握商品药材中农药残留量测定的基本原理与意义。

2. 掌握黄芪等商品药材有机氯类农药残留量测定的基本方法与步骤。

3. 熟悉商品药材中农药残留的限量要求。

【基本原理】

将商品药材经过一定方法的处理，用气相色谱法可以将残留的六六六、DDT 等 9 种有机氯农药，对硫磷、乐果等 12 种有机磷农药，拟除虫菊酯等 3 种农药进行分离。分离的各组分的量(重量或载气中的浓度)与检测的响应值(峰面积)成正比关系，采用外标法可以计算商品药材中上述农药的残留量。

【仪器、材料与试剂】

1. 仪器　气相色谱仪、旋转蒸发器、分析天平、超声波清洗器、水浴锅、干燥箱、小型粉碎机、标准药筛、离心机、具刻度浓缩瓶、减压浓缩装置、微量进样器、容量瓶(1ml，5ml，10ml，100ml)、移液管(1ml，2ml，30ml)、具塞锥形瓶(100ml)、量筒、分液漏斗、具塞刻度离心管(10ml)等。

2. 材料　药材：黄芪；对照品：α-BHC、β-BHC、γ-BHC、δ-BHC、pp'-DDE、pp'-DDD、op'-DDT、pp'-DDT、PCNB 等。

3. 试剂　石油醚(60～90℃)、丙酮、二氯甲烷、氯化钠、无水硫酸钠、硫酸等。

4. 其他　滤纸、称量纸、擦镜纸等。

【实验内容及操作方法】

1. 色谱条件与系统适用性试验　弹性石英毛细管柱(30m×0.32mm×0.25μm)SE-54(或 DB-1701)，^{63}Ni-ECD 电子捕获检测器。进样口温度：230℃；检测器温度：300℃，不分流进样。程序升温：初始 100℃，10℃/min 升至 220℃，8℃/min 升至 250℃，保持 10min。理论板数按 α-BHC 峰计算，不低于 1×10^6，两个相邻色谱峰的分离度应大于 1.5。

2. 对照品储备液的制备　精密称取六六六(BHC)[α-BHC、β-BHC、γ-BHC、δ-BHC]、滴滴涕(DDT)[pp'-DDE、pp'-DDD、op'-DDT、pp'-DDT]和五氯硝基苯(PCNB)对照品适量，用石油醚(60～90℃)分别制成 4～5μg/ml 的溶液，即得。

3. 混合对照品储备液的制备　精密量取上述各对照品储备液 0.5ml，置 10ml 量瓶中，用石油醚(60～90℃)稀释至刻度，即得。

4. 混合对照品溶液的制备　精密量取上述混合对照品储备液，用石油醚（60～90℃）制成 0μg/ml、1μg/ml、5μg/ml、10μg/ml、50μg/ml、100μg/ml、250μg/ml 溶液，即得。

5. 供试品溶液的制备　取黄芪药材于 60℃干燥 4h，粉碎成细粉，取约 2g，精密称定，置 100ml 具塞锥形瓶中，加水 20ml 浸泡过夜，精密加丙酮 40ml，称定重量，超声处理 30min，放冷，再称定重量，用丙酮补足减失的重量，再加氯化钠约 6g，精密加二氯甲烷 30ml，称定重量，超声处理 15min，再称定重量，用二氯甲烷补足减失的重量，静置（使分层）将有机相迅速移入装有适量无水硫酸钠的 100ml 具塞锥形瓶中，放置 4h。精密量取 35ml，于 40℃水浴减压浓缩至近干，加少量石油醚（60～90℃）如前反复操作至二氯甲烷及丙酮除净，用石油醚（60～90℃）溶解并转移至 10ml 具塞刻度离心管中，加石油醚（60～90℃）精密稀释至 5ml，小心加入硫酸 1ml，振摇 1min，离心 10min（3000r/min）。精密量取上清液 2ml 置具刻度的浓缩瓶见图 3 中，连接旋转蒸发器，40℃下（或用氮气）将溶液浓缩至适量，精密稀释至 1ml，即得。

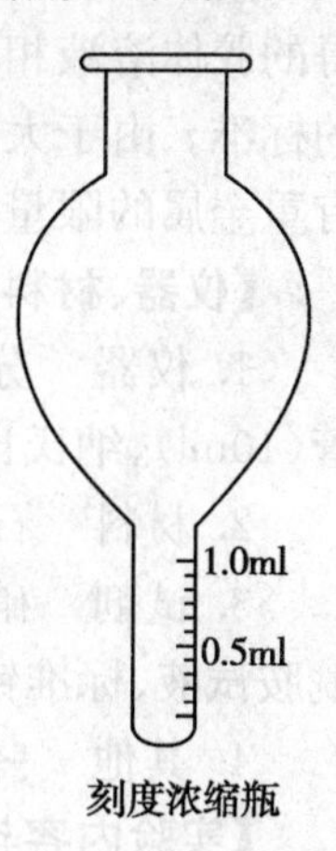

图 3　刻度浓缩瓶

6. 测定法　分别精密吸取供试品溶液和与之相对应浓度的混合对照品溶液各 1μl 进样测定（$n=3$），按外标法计算供试品中 9 种有机氯农药的含量。

【要点及难点解析】

1. 供试品若为制剂，取样品研成细粉（蜜丸切碎，液体制剂直接量取），取样量应相当于 2g 药材，精密称定后，再按上述供试品溶液制备法制备供试品溶液。

2. 有机氯农药不溶于水，供试品溶液制备时常用丙酮、石油醚等溶剂提取；纯化时常选用柱色谱或溶液萃取法除去杂质。油脂含量较多的供试品可在酸性或中性条件下采用水蒸气蒸馏法，蒸馏液用苯或氯仿萃取后再纯化。

3. 有机磷类、拟除虫菊酯类农药残留量的测定方法可参考现版《中国药典》附录。

4. 黄芪中有机氯农药限量：六六六（总 BHC）不得过千万分之二、滴滴涕（总 DDT）不得过千万分之二、五氯硝基苯（PCNB）不得过千万分之一。

【习题与作业】

1. 简述商品药材中有机氯农药残留量检测的基本原理及意义。

2. 总结商品药材中有机氯农药残留量检测的基本步骤和方法。

3. 记录并计算实验结果，分析供试品的安全性，总结实验中发现的问题。

4.2　重金属的检查

【实验目的】

1. 掌握中药商品中重金属检查的基本原理和意义。

2. 掌握石膏等商品药材中重金属检查的步骤和实验方法。

3. 掌握中药商品重金属的限量。

【基本原理】

重金属系指在规定实验条件下能与硫代乙酰胺或硫化钠作用显色的金属杂质。常见的重金属离子有：Ag^{+}、Pb^{2+}、Bi^{3+}、Cu^{2+}、Sb^{3+}、As^{3+}、Sn^{2+}、Ni^{2+}、Cb^{2+}、Zn^{2+}、Hg^{2+}、

Fe^{2+}、Mn^{2+}、Co^{2+}等。在一定量已知浓度的铅盐[$Pb(NO_3)_2$ 或 $Pb(Ac)_2$]溶液中，加入硫代乙酰胺或硫化钠试液，将所得含 PbS 的有色胶体溶液与定量供试品溶液同法处理后所得的胶体溶液相比较，由二者色泽的深浅，即可判断供试品中重金属的含量是否符合规定的标准。由于大部分重金属如汞、铅、镉等超过一定浓度都对人体有害，故中药商品必须有重金属的限量。

【仪器、材料与试剂】

1. 仪器　分析天平、水浴锅、电炉、容量瓶(25ml、100ml、1000ml)、量筒、滴管、移液管(10ml)、纳氏比色管(25ml)、微孔滤膜(孔径 3μm)、蒸发皿等。

2. 材料　石膏或芒硝、冰片等。

3. 试剂　硝酸铅、硝酸、盐酸、稀醋酸、醋酸盐缓冲液(pH3.5)、稀焦糖溶液、硫代乙酰胺试液、标准铅溶液、抗坏血酸、氨试液等。

4. 其他　白纸、圆形滤纸、称量纸等。

【实验内容与操作方法】

1. 标准铅溶液的制备　称取硝酸铅 0.160g，置 1000ml 量瓶中，加硝酸 5ml 与水 50ml 溶解后，用水稀释至刻度，摇匀，作为贮备液。

临用前，精密量取贮备液 10ml，置 100ml 量瓶中，加水稀释至刻度，摇匀，即得(每 1ml 相当于 10μg 的 Pb)。

2. 供试品溶液的制备　取石膏 8.0g，加冰醋酸 4ml 与水 96ml，煮沸 10min，放冷，加水至原体积，滤过，即得。

3. 测定方法　取 25ml 纳氏比色管两支，甲管中加入标准铅溶液一定量与醋酸盐缓冲液(pH3.5)2ml 后，加水稀释成 25ml，乙管中加入供试品溶液 25ml。若供试品溶液带颜色，可在甲管中滴加少量的稀焦糖溶液，使之与乙管一致；再在甲、乙两管中分别加入硫代乙酰胺试液各 2ml，摇匀，放置 2min，同置白纸上，自上向下透视，乙管中显出的颜色与甲管比较，不得更深。

【要点及难点解析】

1. 石膏中重金属的含量不得过百万分之十。注：重金属的限量应是中药通用的安全性指标。

2. 配制与贮存标准铅溶液的玻璃容器均不得含铅。

3. 测试时，如在甲管中滴加稀焦糖溶液仍不能使颜色一致时，可取该药品项下规定的 2 倍量的供试品和试液，加水或该药品项下规定的溶剂使成 30ml，将溶液分成甲乙二等份，乙管中加水或该品种项下规定的溶液稀释成 25ml；甲管中加入硫代乙酰胺试液 2ml，摇匀，放置 2min，经微孔滤膜(孔径 3μm)滤过，然后甲管中加入标准铅溶液一定量，加水或该品种项下规定的溶液使成 25ml；再分别在乙管中加硫代乙酰胺试液 2ml，甲管中加水 2ml，照上述方法比较，即得。

4. 供试品中如含高铁盐影响重金属检查时，可取该药项下规定方法制成的供试品溶液，加抗坏血酸 0.5～1.0g，并在对照液中加入相同量的抗坏血酸，再照上述方法检查。

5. 配制供试品溶液时，如使用的盐酸超过 1.0ml(或与盐酸 1.0ml 相当的稀盐酸)，氨试液超过 2ml，或加入其他试剂进行处理者，除另有规定外，对照液中应取同样同量的试剂置瓷皿中蒸干后，加醋酸盐缓冲液(pH3.5)2ml 与水 15ml，微热溶解后，移置纳氏比色管中，加标准铅溶液一定量，再用水稀释成 25ml。

【习题与作业】

1. 简述对中药商品中重金属检查的基本原理和意义。

2. 记述石膏中重金属检查的步骤和实验方法。

3. 记录实验结果，分析供试品的安全性，总结实验中发现的问题。

4.3 砷盐的检查

【实验目的】

1. 掌握中药商品中砷盐检查的基本原理和意义。

2. 掌握石膏等中药商品中砷盐检查的步骤和实验方法。

3. 掌握中药商品对砷盐的限量。

【基本原理】

本实验采用古蔡氏法。锌与酸作用生成新生态氢，与供试品中的砷化合物生成具有挥发性的砷化氢，根据砷化氢的量与氯化汞或溴化汞试纸作用产生黄色、棕色或黑棕色的砷斑，与一定量标准砷溶液用同法处理所得的砷斑比较，便可测出供试品中含砷的量。本法的灵敏度为 0.001mg。

【仪器、材料与试剂】

1. 仪器　分析天平、水浴锅、粉碎机、药筛、干燥箱、容量瓶(25ml、100ml、1000ml)、移液管(5ml、10ml)、广口试剂瓶、砷盐测定装置[标准磨口锥形瓶(100ml)、标准磨口塞、导气管 C(外径 8.0mm，内径 6.0mm、全长约 180mm)、具孔的有机玻璃旋塞]等。

2. 材料　石膏(或冰片、芒硝、阿胶、注射用双黄连)。

3. 试剂　三氧化二砷、20%氢氧化钠、稀硫酸、盐酸、碘化钾试液、酸性氯化亚锡试液、锌粒、醋酸铅试液等。

4. 其他　溴化汞试纸、醋酸铅棉花、称量纸等。

【实验内容与操作方法】

1. 标准砷溶液的制备　称取三氧化二砷 0.132g，置 1000ml 量瓶中，加 20%氢氧化钠溶液 5ml 溶解后，用适量的稀硫酸中和，再加稀硫酸 10ml，用水稀释至刻度，摇匀，作为贮备液。

临用前，精密量取贮备液 10ml，置 1000ml 量瓶中，加稀硫酸 10ml，用水稀释至刻度，摇匀，即得(每 1ml 相当于 1μg 的 As)。

2. 供试品的制备　取石膏 1g，加盐酸 5ml，加水至 23ml，加热使溶解，放冷，备用。

3. 仪器的装置　如图 4：A 为 100ml 标准磨口锥形瓶；B 为中空的标准磨口塞，上连导气管 C(外径 8.0mm，内径 6.0mm)，全长约 180mm；D 为具孔的有机玻璃旋塞，其上部为圆形平面，中央有一圆孔，孔径与导气管 C 的内径一致，其下部孔径与导气管 C 的外径相适应，将导气管 C 的顶端套入旋塞下部孔内，

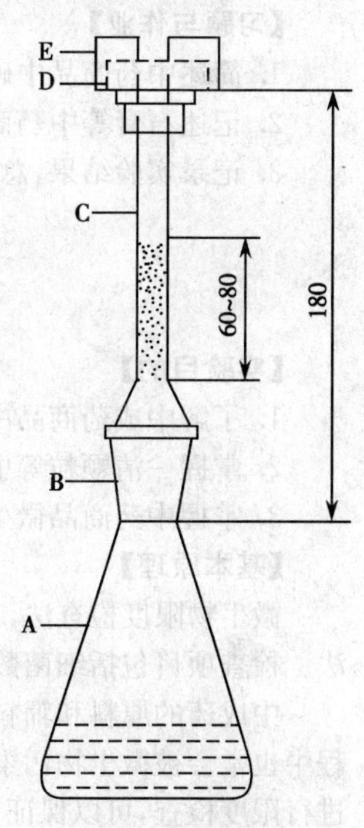

图 4　仪器装置

并使管壁与旋塞的圆孔相吻合，黏合固定；E 为中央具有圆孔（孔径 6.0mm）的有机玻璃旋塞盖，与 D 紧密吻合。

测试时，于导气管 C 中装入醋酸铅棉花 60mg（装管高度为 60～80mm），再于旋塞 D 的顶端平面上放一片溴化汞试纸（试纸大小以能覆盖孔径而不露出平面外为宜），盖上旋塞盖 E 并旋紧，即得。

4. 标准砷斑的制备　精密量取标准砷溶液 2ml，置 A 瓶中，加盐酸 5ml 与水 21ml，再加碘化钾试液 5ml 与酸性氯化亚锡试液 5 滴，在室温放置 10min 后，加锌粒 2g，立即将照上法装妥的导气管 C 密塞于 A 瓶上，并将 A 瓶置 25～40℃水浴中，反应 45min，取出溴化汞试纸，即得。

若供试品需经有机破坏后再行检砷，则应取标准砷溶液代替供试品，照各药品项下规定的方法同法处理后，依法制备标准砷斑。

5. 检查法　取供试品溶液，置 A 瓶中，照标准砷斑的制备，自“再加碘化钾试液 5ml”起，依法操作。将生成的砷斑与标准砷斑比较，不得更深。

【要点及难点解析】

1. 石膏中砷盐的含量不得过百万分之二，中药商品中的均限量。

2. 所用仪器和试液等照本法检查，均不应生成砷斑，或至多生成仅可辨认的斑痕。

3. 制备标准砷斑或标准砷对照液，应与供试品检查同时进行。

4. 本法所用锌粒应无砷，以能通过一号筛的细粒为宜，如使用的锌粒较大时，用量应酌情增加，反应时间亦应延长为 1h。

5. 醋酸铅棉花系取脱脂棉 1.0g，浸入醋酸铅试液与水的等容混合液 12ml 中，湿透后，挤压除去过多的溶液，并使之疏松，在 100℃以下干燥后，贮于玻璃塞瓶中备用。

【习题与作业】

1. 简述中药商品中砷盐检查的基本原理和意义。

2. 记述石膏等中药商品中砷盐检查的步骤和实验方法。

3. 记录实验结果，总结实验中发现的问题，分析供试品的安全性。

4.4　微生物限度检查

【实验目的】

1. 了解中成药商品中微生物限度检查的基本原理和基本方法。

2. 掌握一清颗粒等中成药细菌数、真菌数、酵母菌数的检查与验证方法。

3. 掌握中药商品微生物的限度指标。

【基本原理】

微生物限度检查法，系指检查非规定灭菌制剂及其原料、辅料受微生物污染程度的方法。检查项目包括细菌数、真菌数、酵母菌数及控制菌的检查等。

中成药的原料和辅料常含有各种微生物，中成药在生产、加工、包装、贮藏、运输等过程中也常会被微生物污染，使其中微生物含量超标。采用微生物常规检查法对中药商品进行限度检查，可以保证其有效性、安全性和稳定性。

本实验采用平皿计数法进行中药商品中细菌数、真菌数、酵母菌数的检查。

【仪器、材料与试液等】

1. 仪器　电子天平、超净工作台、高压灭菌锅、匀浆仪(4 000～10 000r/min)、真菌培养箱、细菌培养箱、电冰箱、pH 值系列比色计、恒温水浴锅、干燥箱、空调、显微镜等。

平皿(直径 90mm)、锥形瓶、试管、量筒、烧杯、试剂瓶(100ml)、刻度吸管、玻璃棒、酒精灯、乳钵等。

菌落计数器、白金耳、接种针、温度计、注射器、注射针头、白瓷盘、搪瓷消毒缸、剪刀、镊子、橡皮乳头等。

2. 材料

(1)供试品:一清颗粒(或六味地黄丸)。

(2)菌种:①大肠埃希菌(*Escherichia coli*)〔CMCC(B)44 102〕;②金黄色葡萄球菌(*Staphylococcus aureus*)〔CMCC(B)26 003〕;③枯草芽孢杆菌(*Bacillus subtilis*)〔CMCC(B)63 501〕④白色念珠菌(*Candida albicans*)〔CMCC(F)98 001〕;⑤黑曲霉(*Aspergillus niger*)〔CMCC(F)98 003〕。

(3)试液:0.9%无菌氯化钠溶液、pH 7.0 无菌氯化钠-蛋白胨缓冲液、靛基质试液等。

(4)培养基:营养肉汤培养基、营养琼脂培养基、改良马丁培养基、改良马丁琼脂培养基、玫瑰红钠琼脂培养基、酵母浸出粉胨葡萄糖琼脂培养基、胆盐乳糖培养基、MUG 培养基、曙红亚甲蓝琼脂培养基、麦康凯琼脂培养基等。

(5)其他:无菌衣(帽、口罩、手套)、脱脂棉、称量纸、圆形滤纸、记号笔、火柴、试管架等。

【实验内容与操作方法】

基本内容

中成药商品中细菌、真菌及酵母菌计数检查

1. 供试液的制备　取供试品 10g,用乳钵研细,加 pH7.0 无菌氯化钠-蛋白胨缓冲液至 100ml,用匀浆仪或其他适宜的方法,混匀,制成 1∶10 的供试液。

2. 计数方法的验证

(1)菌种:所用菌株传代次数不得超过 5 代(从菌种保存中心获得的冷冻干燥菌种为第 0 代),并采用适宜的菌种保藏技术,以保证试验菌株的生物学特性。

大肠埃希菌(*Escherichia coli*)〔CMCC(B)44 102〕

金黄色葡萄球菌(*Staphylococcus aureus*)〔CMCC(B)26 003〕

枯草芽孢杆菌(*Bacillus subtilis*)〔CMCC(B)63 501〕

白色念珠菌(*Candida albicans*)〔CMCC(F)98 001〕

黑曲霉(*Aspergillus niger*)〔CMCC(F)98 003〕

(2)菌液制备:接种大肠埃希菌、金黄色葡萄球菌、枯草芽孢杆菌的新鲜培养物至营养肉汤培养基或营养琼脂培养基中,30～35℃培养 18～24h;分别取上述培养物 1ml 加 9ml 0.9%的无菌氯化钠溶液 10 倍递增稀释制成每 1ml 含菌数为 50～100cfu 的菌悬液。接种白色念珠菌的新鲜培养物至改良马丁培养基或改良马丁琼脂培养基中,23～28℃培养 24～48h,上述培养物用 0.9%无菌氯化钠溶液制成每 1ml 含 50～100 个 cfu 的菌悬液。接种黑曲霉的新鲜培养物至改良马丁琼脂斜面培养基中,23～28℃培养 5～7*d*,加入 3～5ml 0.9%无菌氯化钠溶液,将孢子洗脱。然后,吸出孢子悬液(用管口带有薄的无菌棉花或纱布能过滤菌丝的无菌毛细吸管)至无菌试管内,用0.9%无菌氯化钠溶液制成每1ml含50～100个cfu的孢子悬液。

(3)验证方法:验证试验至少应进行3次独立的平行试验,并分别计算各试验菌每次试验的回收率。采用平皿法。

1)试验组:取1∶10供试液1ml,分别加入10个平皿中;再分别取大肠埃希菌、金黄色葡萄球菌、枯草芽孢杆菌、白色念珠菌、黑曲霉5种菌的菌悬液各1ml(含50～100cfu),分别注入平皿中,每种菌平行制备2个平皿。立即倾注琼脂培养基或玫瑰红钠琼脂培养基,分别置30～35℃培养48h和23～28℃培养72h。

2)菌液组:分别取上述稀释的菌液各1ml注入平皿内,每种菌平行制备2个平皿,测定所加的试验菌数。

3)供试品对照组:取1∶10供试液1ml分别注入4个平皿中,立刻注入营养琼脂和玫瑰红钠琼脂培养基,每种培养基制备2个平皿,分别置30～35℃培养48h和23～28℃培养72h。按菌落计数方法测定供试品本底菌数。

4)稀释剂对照组:若供试液制备需要分散、乳化,中和、离心或薄膜过滤等特殊处理时,应增加稀释剂对照组,以考察供试液制备过程中微生物受影响的程度。试验时,可用相应的稀释液替代供试品,加入试验菌,使最终菌浓度为50～100cfu/ml,按试验组的供试液制备方法和菌落计数方法测定其菌数。

(4)结果判定:在3次独立的平行试验中,稀释剂对照组的菌回收率(稀释剂对照组的平均菌落数占菌液组的平均菌落数的百分数)应均不低于70%。若试验组的菌回收率(试验组的平均菌落数减去供试品对照组的平均菌落数的值占菌液组的平均菌落数的百分率)均不低于70%,照该供试液制备方法和计数法测定供试品的细菌、真菌及酵母菌数;若任一次试验中试验组的菌回收率低于70%,应采用培养基稀释法、离心沉淀集菌法、薄膜过滤法、中和法等方法或联合使用这些方法消除供试品的抑菌活性,并重新进行方法验证。

验证试验可与供试品的细菌、真菌及酵母菌计数同时进行。

3. 细菌、真菌、酵母菌计数检查法　计数方法包括平皿法和膜过滤法。本实验采用平皿法检查。检查时,按已验证的计数方法进行供试品的细菌、真菌及酵母菌菌数的测定。

取按验证方法制备的均匀供试液,用pH7.0的无菌氯化钠-蛋白胨缓冲液稀释成1∶10、1∶10^2、1∶10^3等稀释级。

操作方法　取适宜的连续2～3个稀释级的供试液。

取供试液1ml,置直径90mm的无菌平皿中,注入15～20ml温度不超过45℃溶化的营养琼脂培养基或玫瑰红钠琼脂培养基或酵母浸出粉胨葡萄糖琼脂培养基,混匀,凝固,倒置培养。每稀释级每种培养基至少制备2个平皿。

(1)阴性对照试验:取试验用的稀释剂1ml,置无菌平皿中,注入培养基,凝固,倒置培养。每种计数用的培养基各制备2个平皿,均不得有菌生长。

(2)培养和计数:除另有规定外,细菌培养48h,逐日点计菌落数,一般以48h的菌落数报告;真菌、酵母菌培养72h,逐日点计菌落数,一般以72h的菌落数报告;必要时,可适当延长培养时间至5～7天进行菌落计数。菌落蔓延生长成片的平板不宜计数。点计菌落数后，计算各稀释级供试液的平均菌落数，按菌数报告规则报告菌数。若同稀释级两个平板的菌落平均数不小于15，则两个平板的菌落数不能相差1倍或以上。

一般营养琼脂培养基用于细菌计数；玫瑰红钠琼脂培养基用于真菌及酵母菌计数；酵母浸出粉胨葡萄糖琼脂培养基用于酵母菌计数。在特殊情况下，若营养琼脂培养基上长有真菌和酵母菌、玫瑰红钠琼脂培养基上长有细菌，则应分别点计真菌和酵母菌、细菌菌落数。然后将营养琼脂培养基上的真菌和酵母菌数或玫瑰红钠琼脂培养基上的细菌数，与玫瑰红钠琼脂培养基中的真菌和酵母菌数或营养琼脂培养基中的细菌数进行比较，以菌落数高的培养基中的菌数为计数结果。

4. 菌数报告规则　选取细菌、酵母菌平均菌落数在30～300之间、真菌平均菌落数在30～100之间的稀释级，作为菌数报告（取两位有效数字）的依据。

(1)当仅有1个稀释级的菌落数符合上述规定，以该级的平均菌落数乘以稀释倍数报告菌数。

(2)当同时有2个稀释级的菌落数符合上述规定时，视两者比值（比值为高稀释级的菌落数乘以稀释倍数的值除以低稀释级的菌落数乘以稀释倍数的值）而定。

若比值＜2，以两稀释级的菌落数乘以稀释倍数的均值报告菌数；

若比值＞2＜5时，以低稀释级的菌落数乘以稀释倍数报告菌数；

当出现比值＞5，或高稀释级的菌落数大于或等于低稀释级的菌落数等异常情况时，应查明原因再行检查，必要时，应进行方法的重新验证。

(3)当各稀释级的平均菌落数均＜30，以最低稀释级的平均菌落数乘以稀释倍数报告菌数。

(4)如各稀释级的平板均无菌落生长，或仅最低稀释级的平板有菌落生长，但平均菌落数＜1时，以＜1乘以最低稀释倍数报告菌数。

选做内容

中成药商品中大肠埃希菌检查

1. 大肠埃希菌检查方法的验证

(1)菌种：对试验菌种的要求同细菌、真菌及酵母菌计数方法的验证。

大肠埃希菌（*Escherichia coli*）〔CMCC(B)44 102〕

金黄色葡萄球菌（*Staphylococcus aureus*）〔CMCC(B)26 003〕

(2)菌液制备：接种大肠埃希菌、金黄色葡萄球菌的新鲜培养物至营养肉汤培养基或营养琼脂培养基中，30～35℃培养18～24h。用0.9%无菌氯化钠溶液制成10～100cfu/ml的菌悬液。

(3)验证方法

1)试验组：取规定量供试液及大肠埃希菌（含10～100cfu）加入增菌培养基(BL)中，依大肠埃希菌的检查法进行检查。

2)阴性菌对照组：取规定量供试液及金黄色葡萄球菌（含10～100cfu）加入增菌培养基(BL)中，依大肠埃希菌的检查法进行检查。阴性对照菌不得检出。

(4)结果判定：阴性菌对照组不得检出阴性对照菌。若试验组检出试验菌，按此供试液制备法和控制菌检查法进行供试品的该控制菌检查；试验组未检出试验菌，应采用培养基稀释法、离心沉淀集菌法、薄膜过滤法、中和法等方法或联合使用这些方法消除供试品的抑菌活性，并重新进行方法验证。

验证试验可与供试品的大肠埃希菌检查同时进行。

2. 检查法

(1)阳性对照试验：加菌量为 10～100cfu，方法同供试品的大肠埃希菌检查。阳性对照试验应检出相应的控制菌。

(2)阴性对照试验：取稀释液 10ml，按大肠埃希菌检查法检查，作为阴性对照。阴性对照应无菌生长。

3. 大肠埃希菌检查

(1)取供试液 10ml(相当于供试品 1g)，直接或处理后接种至适量(不少于 100ml)的胆盐乳糖培养基中，30～35℃培养 18～24h，必要时可延至 48h。

(2)取上述培养物 0.2ml，接种至含 5ml MUG 培养基的试管内，培养，于 5h、24h 在 366nm 紫外线下观察，同时用未接种的 MUG 培养基作本底对照。若管内培养物呈现荧光，为 MUG 阳性；不呈现荧光，为 MUG 阴性。

(3)观察后，沿培养管的管壁加入数滴靛基质试液，液面呈玫瑰红色，为靛基质阳性；呈试剂本色，为靛基质阴性。

本底对照应为 MUG 阴性和靛基质阴性。

(4)结果：如 MUG 阳性、靛基质阳性，判供试品检出大肠埃希菌。

如 MUG 阴性、靛基质阴性，判供试品未检出大肠埃希菌。

如 MUG 阳性、靛基质阴性，或 MUG 阴性、靛基质阳性，则应取胆盐乳糖培养基的培养物划线接种于曙红亚甲蓝琼脂培养基或麦康凯琼脂培养基的平板上，30～35℃培养 18～24h。若平板上无菌落生长，或生长的菌落与附表所列的菌落形态特征不符，判供试品未检出大肠埃希菌。若平板上生长的菌落与附表所列的菌落形态特征相符或疑似，应对可疑菌落进行分离、纯化、染色镜检和适宜的生化试验，确认是否为大肠埃希菌。

附表　大肠埃希菌菌落形态特征

培养基	菌落形态
曙红亚甲蓝琼脂	菌落紫黑色、浅紫色、蓝紫色或粉红色，中心呈深紫色或无明显暗色中心，圆形，稍凸起，边缘整齐，表面光滑，湿润，常有金属光泽
麦康凯琼脂	鲜桃红色或微红色，菌落中心深桃红色，圆形，扁平，边缘整齐，表面光滑，湿润

微生物限度检查结果判断

1. 供试品检出控制菌时，按一次检出结果为准，不再复试。

2. 供试品的细菌数、真菌和酵母菌数其中任何一项不符合该品种项下的规定，应从同一批样品中随机抽样，独立复试两次，3 次结果的平均值报告菌数。

3. 供试品的细菌数、真菌和酵母菌数、控制菌 3 项检验结果均符合该品种项下的规定，判供试品符合规定。若其中任何一项不符合该品种项下的规定，判供试品不符合规定。

【要点及难点解析】

1. 实验环境　微生物限度检查应在环境洁净度 10 000 级下的局部洁净度 100 级的

单向流空气区域内进行。检验全过程必须严格遵守无菌操作，防止再污染。单向流空气区域、工作台面及环境应定期按《医药工业洁净室（区）悬浮粒子、浮游菌和沉降菌的测试方法》的现行国家标准进行洁净度验证。

2. 供试品检查　如果使用了表面活性剂、中和剂或灭活剂，应证明其有效性及对微生物的生长和存活无影响。

3. 培养温度　除另有规定外，本检查法中细菌培养温度为30～35℃；真菌、酵母菌培养温度为23～28℃；控制菌培养温度为35～37℃。检测结果以1g、1ml、10g、10ml或$10cm^2$为单位报告。

4. 供试品的检验量　一般为10g或10ml；中药膜剂为$50cm^2$；贵重药品、微量包装药品的检验量可以酌减。检查沙门菌的供试品应增加10g或10ml。检验时，应从2个以上最小包装单位中抽取供试品，大蜜丸不得少于4丸，膜剂不得少于4片。一般应随机抽取不少于检验量（两个以上最小包装单位）的3倍量供试品。

5. 控制菌检查　除大肠埃希菌外，还包括大肠菌群、沙门菌、铜绿假单胞菌、金黄色葡萄球菌和梭菌。其检查方法参考现版《中国药典》附录。

6. 各供试品微生物的限度标准

（1）一清颗粒：为不含原药材粉的颗粒剂，每1g含细菌数不得过1 000个；每1g含真菌和酵母菌数不得过100个；每1g不得检出大肠埃希菌。

（2）六味地黄丸：为含原药材粉的丸剂，每1g含细菌数不得过30 000个；每1g含真菌和酵母菌数不得过100个；每1g不得检出大肠埃希菌；每1g含大肠菌群应小于100个。

7. 所用实验仪器和材料全部灭菌消毒　进入无菌室应穿戴无菌衣、帽、口罩等。操作前用消毒液洗手。无菌室实验前要提前1～2h开启紫外灯，超净工作台提前0.5h开启。

8. 实验完毕　要全部消毒后离开。

【习题与作业】

1. 总结中成药商品中微生物限度检查的基本方法和适用对象，考察中成药商品中微生物限度检查的主要类型及注意事项。

2. 简述一清颗粒等中成药商品中细菌、真菌、酵母菌限度检查和验证的步骤，记录并分析实验结果，总结实验中发现的问题。

5 附　录

附录一　药材取样法

药材(含饮片)取样法系指供检验用药材样品的取样方法。取样时均应符合下列有关规定。

1. 抽取样品前,应注意品名、产地、规格等级及包件式样是否一致,检查包装的完整性、清洁程度以及有无水迹、霉变或其他物质污染等情况,并详细记录。凡有异常情况的包件,应单独检验。

2. 从同批药材包件中抽取检验样品的原则

药材总包件数不足 5 件的,逐件取样;

5～99 件,随机抽 5 件取样;

100～1 000 件,按 5%比例取样;

超过 1 000 件的,超过部分按 1%比例取样;

贵重药材,不论包件多少均逐件取样。

3. 对破碎的、粉末状的或大小在 1cm 以下的药材,可用采样器(探子)抽取供试品;每一包件至少在 2～3 个不同部位各取样品 1 份;包件大的应从 10cm 以下的深处在不同部位分别抽取。每一包件的取样量:

一般药材抽取 100～500g。

粉末状药材抽取 25～50g。

贵重药材 5～10g。

对包件较大或个体较大的药材,根据实际情况抽取有代表性的样品。

4. 将抽取的样品混匀,即为抽取样品总量。若抽取样品总量超过检验用量数倍时,则按四分法再取样,即将所有样品摊成正方形,依对角线画"×",使分为四等分,取用对角两份;再如上操作,反复数次,直至最后余量足够完成所有必要的实验以及留样为止。

5. 最终抽取的供检验用样品量,一般不得少于检验所需用量的 3 倍,即 1/3 供实验室分析用,另 1/3 供复核用,其余 1/3 留样保存。

附录二　药材检定通则

药材(含饮片)的检定包括"性状"、"鉴别"、"检查"、"浸出物测定"、"含量测定"等项目。检定时应注意下列有关的各项规定。

1. 取样应按"药材取样法"的规定进行。

2. 为了正确检定药材，必要时可用符合现版药典规定的相应药材标本作对照。

3. 供检定的药材如已切碎，除“性状”项已不完全相同外，其他各项应符合规定。

4. “性状”系指药材的形状、大小、色泽、表面特征、质地、断面（包括折断面或切断面）及气味等。

(1)形状是指干燥药材的形态。观察时一般不需预处理，如观察很皱缩的全草、叶或花类，可先浸湿使软，展平。观察某些果实、种子时，如有必要可浸软后，取下果皮或种皮，观察内部特征。

(2)大小是指药材的长短、粗细（直径）和厚度。一般应测量较多的供试品，可允许有少量高于或低于规定的数值。测量时可用毫米刻度尺。对细小的种子和果实类，可将每10 粒种子紧密排成一行，以毫米刻度尺测量后求其平均值。

(3)色泽是指在日光灯下观察的药材颜色及光泽度。如用两种色调复合描述颜色时，以后一种色调为主。例如黄棕色，即以棕色为主。

(4)观察表面特征、质地和断面时，供试品一般不作预处理。如折断面不易观察到纹理，可削平后进行观察。

(5)检查气味时，可直接嗅闻，或在折断、破碎或搓揉时进行。必要时可用热水湿润后检查。

(6)检查味感时，可取少量直接口尝，或加开水浸泡后尝浸出液。有毒的药材如需尝味，应注意防止中毒。

5. “鉴别”系指检定药材真实性的方法，包括经验鉴别、显微鉴别及理化鉴别。

(1)经验鉴别系用简便易行的传统方法观察颜色变化、浮沉情况以及爆鸣、色焰等特征。

(2)显微鉴别系指用显微镜观察药材切片、粉末或表面等的组织、细胞特征。

(3)理化鉴别系指用化学或物理的方法，对药材中所含某些化学成分进行的鉴别试验。

1)荧光法是将药材（包括断面、浸出物等）或经酸、碱处理后，置紫外光灯下约 10cm 处观察所产生的荧光。除另有规定外，紫外光灯的波长为 365nm。

2)微量升华法，是取金属片或载玻片，置石棉网上，其上放一高约 8mm 的金属圈，圈内放置适量的药材粉末，圈上覆盖载玻片，在石棉网下用酒精灯缓缓加热，至粉末开始变焦，去火待冷。载玻片上有升华物凝集。将载玻片反转后，置显微镜下观察结晶形状、色泽，或取升华物加试液观察反应。

3)光谱和色谱鉴别，常用紫外-可见分光光度法、红外分光光度法、薄层色谱法、高效液相色谱法、气相色谱法等。

6. 检查系指对药材的纯净程度、有害或有毒物质进行限量检查，包括水分、灰分、杂质、毒性成分、重金属及有害元素、砷盐、农药残留量等。

7. 浸出物测定系指用水或其他适宜的溶剂对药材中可溶性物质进行的测定。

8. 含量测定系指用化学、物理或生物的方法，对药材含有的有效成分、指标性成分或类别成分进行的测定，包括挥发油及主成分含量、生物效价测定等。测定方法常用光谱法和色谱法等。

注：①进行测定时，凡需粉碎的药材，应按各药材项下规定的要求粉碎过筛，注意混合均匀。②检查和测定的方法按各药材项下规定的方法或指定的有关附录方法进行。

附录三　药材炮制通则

药材炮制系指将药材通过净制、切制或炮制处理，制成一定规格的饮片，以适应医疗要求及调配、制剂的需要，保证用药安全和有效。

炮制药材的用水，应为饮用水。炮制药材除另有规定外，应符合下列有关要求。

1. 净制　即净选加工。经净制后的药材称为“净药材”。凡供切制、炮制或调配制剂时的，均应使用净药材。

净制药材可根据其具体情况，分别选用挑选、风选、水选、筛选、剪、切、刮削、剔除、刷、擦、碾串、火燎及泡洗等方法达到质量标准。

2. 切制　药材切制时，除鲜切、干切外，须经浸润使其柔软者，应少泡多润，防止有效成分流失。软化处理的方法有：喷淋、冲水洗、浸泡、润、漂、蒸。并应按药材的大小、粗细、质地等分别处理。注意掌握气温、水量、时间等条件。切后应及时干燥。

切制品有片、段、块、丝等。其厚薄、长短、大小、宽窄通常为：

片　极薄片 0.5mm 以下，薄片 1～2mm，厚片 2～4mm；

段　短段 5～10mm，长段 10～15mm；

块　8～12mm 的方块；

丝　细丝 2～3mm，粗丝 5～10mm。

其他不宜切制的药材，一船应捣碎用。

3. 炮制　除另有规定外，常用的炮制方法和要求如下：

(1)炒：炒制分清炒和加辅料炒。炒时应火力均匀，不断翻动。应掌握加热温度、炒制时间及程度要求。

清炒：取净药材置热锅中，用文火炒至规定程度时，取出，放凉。需炒焦者，一般用中火炒至表面焦黄色，断面色加深为度，取出，放凉。炒焦后易燃药材，可喷淋清水少许，再炒干或晒干。

麸炒：取麸皮，撒在热锅中，加热至冒烟时，放入净药材，迅速翻动，炒至药材表面呈黄色或色变深时，取出，筛去麸皮，放凉。

除另有规定外，每 100kg 净药材，用麸皮 10kg。

(2)烫：烫法常用的辅料为洁净的河沙、蛤粉或滑石粉。取河沙(蛤粉、滑石粉)置锅内，一般用武火炒热后，加入净药材，不断翻动，烫至表面鼓起、酥脆或至规定的程度时，取出，筛去辅料，放凉。

如需醋淬时，筛去辅料后，趁热投入醋中淬酥。

(3)煅　煅制时应注意煅透，使酥脆易碎。

明煅：取净药材，砸成小块，置无烟的炉火上或置适宜的容器内，煅至酥脆或红透时，取出，放凉，碾碎。

含有结晶水的盐类药材，不要求煅红，但需使结晶水蒸发尽，或全部形成蜂窝状的块状固体。

煅淬：将净药材煅至红透时，立即投入规定的液体辅料中，淬酥(如不酥，可反复煅淬至酥)，取出，干燥，打碎或研粉。

(4)制炭:制炭时应"存性",并防止灰化。

炒炭:取净药材,置热锅内,用武火炒至表面焦黑色、内部焦黄色或至规定程度时,喷淋清水少许,熄灭火星,取出,晾干。

煅炭:取净药材,置煅锅内,密封,焖煅至透,放凉,取出。

(5)蒸:取净药材,照各该品种炮制项下的规定,加入液体辅料拌匀(清蒸除外),置适宜的容器内,加热蒸透或至规定的程度时,取出,干燥。

(6)煮:取净药材加水或液体辅料共煮,辅料用量照各品种炮制项下的规定,煮至液体完全被吸尽,或切开内无白心时,取出,干燥。

有毒药材煮制后的剩余汁液,除另有规定外,一般应弃去。

(7)炖:取净药材照各品种炮制项下的规定,加入液体辅料,置适宜的容器内,密闭,隔水加热,或用蒸汽加热炖透,或炖至辅料完全被吸尽时,放凉,取出,干燥。

(8)烊:取净药材投入沸水中,翻动片刻,捞出。有的种子类药材,烊至种皮由皱缩至舒展、能搓去时,捞出,放冷水浸泡,除去种皮,晒干。

(9)酒制:包括酒炙、酒炖、酒蒸等。酒制时,除另有规定外,一般用黄酒。

酒炙:取净药材,加酒拌匀,闷透,置锅内,用文火炒至规定的程度时,取出,放凉。

除另有规定外,每 100kg 净药材,用黄酒 10kg。

酒炖:取净药材,加酒拌匀,照上述炖法制备。

酒蒸:取净药材,加酒拌匀,照上述蒸法制备。

酒炖或酒蒸,除另有规定外,每 100kg 净药材,种子类用黄酒 20kg,根及根茎类用黄酒 30kg。

(10)醋制:包括醋炙、醋煮、醋蒸等。醋制时,应用米醋或其他发酵醋。

醋炙:取净药材,加醋拌匀,闷透,置锅内,炒至规定的程度时,取出,放凉。

醋煮:取净药材,加醋,照上述煮法制备。

醋蒸:取净药材,加醋拌匀,照上述蒸法制备。

醋炙、醋煮或醋蒸,除另有规定外,每 100kg 净药材,用醋 20kg,必要时可加适量水稀释。

(11)盐制:包括盐炙、盐蒸等。盐制时,应先将食盐加适量水溶解后,滤过,备用。

盐炙:取净药材,加盐水拌匀,闷透,置锅内(个别药物则先将净药材放锅内,边拌炒边加盐水),以文火加热,炒至规定的程度时,取出,放凉。

盐蒸:取净药材,加盐水拌匀,照上述蒸法制备。

盐炙或盐蒸,除另有规定外,每 100kg 净药材,用食盐 2kg。

(12)姜汁炙:姜汁炙时,应先将生姜洗净,捣烂,加水适量,压榨取汁,姜渣再加水适量重复压榨一次,合并汁液,即为"姜汁"。如用干姜,捣碎后加水煎煮二次,合并,取汁。

取净药材,加姜汁拌匀,置锅内,用文火炒至姜汁被吸尽,或至规定的程度时,取出,晾干。

除另有规定外,每 100kg 净药材,用生姜 10kg 或干姜 3kg。

(13)蜜炙:蜜炙时,应先将炼蜜加适量开水稀释后,加入净药材中拌匀,闷透,置锅内,用文火炒至规定程度时,取出,放凉。

除另有规定外,每 100kg 净药材,用炼蜜 25kg。

(14)油炙:羊脂油炙时,先将羊脂油置锅内加热溶化后去渣,投入净药材拌匀,用文火炒至油被吸尽,药材表面呈油亮时,摊开,放凉。

(15)制霜(去油成霜):除另有规定外,取净药材碾碎如泥状,经微热,压榨除去大部分油脂后,取残渣研制成符合规定要求的松散粉末。

(16)水飞:取净药材,置容器内,加适量水共研细,再加多量的水,搅拌,倾出混悬液,残渣再按上法反复操作数次,合并混悬液,静置,分取沉淀,干燥,研散。

(17)煨:取净药材用湿面或湿纸包裹,或用吸油纸均匀地隔层分放,进行加热处理,或将药材埋入麸皮中,用文火炒至规定程度取出,放凉。除另有规定外,每 100kg 净药材,用麸皮 50kg。

附录四 理化鉴别常用试液

乙醇制氢氧化钾试液:可取用乙醇制氢氧化钾滴定液(0.5mol/l)。

乙醇制氨试液:取无水乙醇,加浓氨试液使 100ml 中含 NH_3 9～11g,即得。本液应置橡皮塞瓶中保存。

乙醇制硫酸试液:取硫酸 57ml,加乙醇稀释至 1000ml,即得。本液含 H_2SO_4 应为 9.5%～10.5%。

三硝基苯酚试液:本液为三硝基苯酚的饱和水溶液。

三氯化铁(醇)试液:取三氯化铁 9g,加水(或乙醇)使溶解成 100ml,即得。

三氯化铝试液:取三氯化铝 1g,加乙醇使溶解成 100ml,即得。

对二甲氨基苯甲醛试液:取对二甲氨基苯甲醛 0.125g,加无氮硫酸 65ml 与水 35ml 的冷混合液溶解后,加三氯化铁试液 0.05ml,摇匀,即得。本液配制后 7d 内使用。

亚铁氰化钾试液:取亚铁氰化钾 1g,加水 10ml 使溶解,即得。本液应临用新制。

茚三酮试液:取茚三酮 2g,加乙醇使溶解成 100ml,即得。

钒酸铵试液:取钒酸铵 0.25g,加水使溶解成 100ml,即得。

香草醛试液:取香草醛 0.1g,加盐酸 10ml 使溶解,即得。

香草醛硫酸试液:取香草醛 0.2g,加硫酸 10ml 使溶解,即得。

氢氧化钙试液:取氢氧化钙 3g,置玻璃瓶内,加水 1000ml,密塞。时时猛力振摇,放置 1min,即得。用时倾取上清液。

氢氧化钠试液:取氢氧化钠 4.3g,加水溶解成 100m,即得。

氢氧化钡试液:取氢氧化钡,加新沸过的冷水使成饱和溶液,即得。本液应临用新制。

氢氧化钾试液:取氢氧化钾 6.5g,加水使溶解成 100ml,即得。

重铬酸钾试液:取重铬酸钾 7.5g,加水使溶解成 100ml,即得。

盐酸羟胺试液:取盐酸羟胺 3.5g,加 60%乙醇使溶解成 100ml,即得。

钼酸铵试液:取钼酸铵 10g,加水使溶解成 100ml,即得。

钼酸铵硫酸试液:取钼酸铵 2.5g,加硫酸 15ml,加水使溶解成 100ml,即得。本液配制后两周,即不适用。

铁氰化钾试液:取铁氰化钾 1g,加水 10ml 使溶解,即得。本液应临用新制。

氨试液:取浓氨溶液 400ml,加水使成 1000ml,即得。

浓氨试液:取用浓氨溶液。

高锰酸钾试液:取高锰酸钾滴定液(0.02mol/l)。

硅钨酸试液:取硅钨酸 10g,加水使溶解成 100ml,即得。

硝酸银试液:取硝酸银滴定液(0.1mol/l)。

硫氰酸铵试液:取硫氰酸铵 8g,加水使溶解成 100ml,即得。

硫酸亚铁试液:取硫酸亚铁结晶 8g,加新沸过的冷水 100ml 使溶解,即得。本液应临用新制。

氯化钡试液:取氯化钡的细粉 5g,加水使溶解成 100ml,即得。

氯化铵试液:取氯化铵 10.5g,加水使溶解成 100ml,即得。

氯化铵镁试液:取氯化镁 5.5g 与氯化铵 7g,加水 65ml 溶解后,加氨试液 35ml,置玻璃瓶内,放置数日后,滤过,即得。本液如显浑浊,应滤过后再用。

稀乙醇:取乙醇 529ml,加水稀释至 1000ml,即得。本液在 20℃时含 C_2H_5OH 应为 49.5%~50.5%。

稀甘油:取甘油 33ml,加水稀释使成 100ml,再加樟脑少量或液化苯酚 1 滴,即得。

稀盐酸:取盐酸 234ml,加水稀释至 1000ml,即得。本液含 HCl 应为 9.5%~10.5%。

稀硝酸:取硝酸 105ml,加水稀释至 1000ml,即得。本液含 HNO_3 应为 9.5%~10.5%。

稀硫酸:取硫酸 57ml,加水稀释至 1000ml,即得。本液含 H_2SO_4 应为 9.5%~10.5%。

稀醋酸:取冰醋酸 60ml,加水稀释至 1000ml,即得。

碘化汞钾试液:取二氯化汞 1.36g,加水 60ml 使溶解,另取碘化钾 5g,加水 10ml 使溶解,将二液混合,加水稀释至 100ml,即得。

碘化钾试液:取碘化钾 16.5g,加水使溶解成 100ml,即得。本液应临用新制。

碘化钾碘试液:取碘 0.5g,与碘化钾 1.5g,加水 25ml 使溶解,即得。

碘化铋钾试液:取碱式硝酸铋 0.85g,加冰醋酸 10ml 与水 40ml 溶解后,加碘化钾溶液(4→10)20ml,摇匀,即得。

改良碘化铋钾试液:取碘化铋钾试液 1ml,加 0.6mol/l 盐酸溶液 2ml,加水至 10ml,即得。

稀碘化铋钾试液:取碱式硝酸铋 0.85g,加冰醋酸 10ml 与水 40ml 溶解后,即得。临用前取 5ml,加碘化钾溶液(4→10)5ml,再加冰醋酸 20ml,用水稀释至 100ml,即得。

酸性氯化亚锡试液:取氯化亚锡 20g,加盐酸使溶解成 50ml,滤过,即得。本液配成后 3 个月内使用。

碱式醋酸铅试液:取一氧化铅 14g,加水 10ml,研磨成糊状,用水 10ml 洗入玻璃瓶中,加醋酸铅 22g 的水溶液 70ml,用力振摇 5min 后,时时振摇,放置 7*d*,滤过,加新沸过的冷水使成 100ml,即得。

碱性三硝基苯酚试液:取 1%三硝基苯酚溶液 20ml,加 5%氢氧化钠溶液 10ml,用水稀释至 100ml,即得。本液应临用新制。

醋酸铅试液:取醋酸铅 10g,加新沸过的冷水溶解后,滴加醋酸使溶液澄清,再加新沸过的冷水使成 100ml,即得。

糠醛试液:取糠醛 1ml,加水使溶解成 100ml,即得。本液应临用新制。

鞣酸试液:取鞣酸 1g,加乙醇 1ml,加水溶解并稀释至 100ml,即得。本液应临用新制。

附录五 微生物限度检查常用的培养基及其试液

1. 培养基及其制备方法 培养基可按以下处方制备,也可以使用按该处方生产的符合要求的脱水培养基。配制后,应采用验证合格的灭菌程序灭菌。

(1)营养肉汤培养基

胨	10.0g	牛肉浸出粉	3.0g
氯化钠	5g	水	1000ml

取上述成分混合,微温溶解,调节 pH 为弱碱性,煮沸,滤清,调节 pH 值使灭菌后为 7.2±0.2,分装,灭菌。

(2)营养琼脂培养基 按营养肉汤培养基的处方及制法,加入 14.0g 琼脂,调节 pH 值使灭菌后为 7.2±0.2,分装,灭菌。

(3)改良马丁培养基(用于培养真菌)

胨	5.0g	磷酸氢二钾	1.0g
酵母浸出粉	2.0g	硫酸镁	0.5g
葡萄糖	20.0g	水	1000ml

除葡萄糖外,取上述成分混合,微温溶解,调节 pH 值约为 6.8,煮沸,加入葡萄糖溶解后,摇匀,滤清,调节 pH 值使灭菌后为 6.4±0.2,分装,灭菌。

(4)改良马丁琼脂培养基 按改良马丁培养基处方及制法,加入 14.0g 琼脂,调节 pH 值使灭菌后为 6.4±0.2,分装,灭菌。

(5)玫瑰红钠琼脂培养基

胨	5.0g	玫瑰红钠	0.0133g
葡萄糖	10.0g	琼脂	14.0g
磷酸二氢钾	1.0g	水	1000ml
硫酸镁	0.5g		

除葡萄糖、玫瑰红钠外,取上述成分,混合,微热溶解,滤过,加入葡萄糖、玫瑰红钠,分装,灭菌。

(6)酵母浸出粉胨葡萄糖琼脂培养基(YPD)

胨	10.0g	琼脂	14.0g
酵母浸出粉	5.0g	水	1000ml
葡萄糖	20.0g		

除葡萄糖外,取上述成分,混合,微热溶解,滤过,加入葡萄糖,分装,灭菌。

(7)胆盐乳糖培养基(BL)

胨	20.0g	磷酸二氢钾	1.3g
乳糖	5.0g	牛胆盐(或去氧胆酸钠 0.5g)	2.0g

氯化钠	5.0g	水	1000ml
磷酸氢二钾	4.0g		

除乳糖、牛胆盐(或去氧胆酸钠 0.5g)外,取上述成分,混合,微热溶解,调节 pH 值使灭菌后为 7.4±0.2,煮沸,滤清,加入乳糖、牛胆盐(或去氧胆酸钠 0.5g),分装,灭菌。

(8)曙红亚甲蓝琼脂培养基(EMB)

营养琼脂培养基	100ml	曙红钠指示液	2ml
20%乳糖溶液	5ml	亚甲蓝指示液	1.3~1.6ml

取营养琼脂培养基,加热溶化后,冷至 60℃,按无菌操作加入灭菌的其他 3 种溶液,摇匀,倾注平皿。

(9)麦康凯琼脂培养基(MacC)

胨	20.0g	1%中性红指示液	3ml
乳糖	10.0g	琼脂	14.0g
牛胆盐	5.0g	水	1000ml
氯化钠	5.0g		

除乳糖、1%中性红指示液、牛胆盐及琼脂外,取上述成分,混合,微温溶解,调节 pH 值使灭菌后为 7.2±0.2,加入琼脂,加热溶化后,再加入其余各成分,摇匀,分装,灭菌,冷至约 60℃,倾注平皿。

(10)4-甲基伞形酮葡糖苷酸(4-methylumbelliferyl-β-D-glucuronide,MUG)培养基

胨	10.0g	磷酸二氢钾(无水)	0.9g
硫酸锰	0.5mg	磷酸氢二钠(无水)	6.2g
硫酸锌	0.5mg	亚硫酸钠	40mg
硫酸镁	0.1g	去氧胆酸钠	1.0g
氯化钠	5.0g	MUG	75mg
氯化钙	50mg	水	1000ml

除 MUG 外,取上述成分,混合,微温溶解,调节 pH 值使灭菌后为 7.3±0.1,加入 MUG,溶解后,每管分装 5ml,灭菌。

(11)三糖铁琼脂培养基(TSI)

胨	20.0g	硫酸亚铁	0.2g
牛肉浸出粉	5.0g	硫代硫酸钠	0.2g
乳糖	10.0g	0.2%酚磺酞指示液	12.5ml
蔗糖	10.0g	琼脂	12.0g
葡萄糖	1.0g	水	1000ml
氯化钠	5.0g		

除 3 种糖、0.2%酚磺酞指示液、琼脂外,取上述成分,混合,微温溶解,调节 pH 值使灭菌后为 7.3±0.1,加入琼脂,加热溶化后,再加入其余各成分,摇匀,分装,灭菌,制成高底层(2~3cm)短斜面。

(12)四硫磺酸钠亮绿培养基(TTB)

胨	5.0g	硫代硫酸钠	30.0g
牛胆盐	1.0g	水	1000ml

碳酸钙	10.0g

取上述成分,混合,微温使溶解,灭菌。

临用前,取上述培养基,每10ml加入碘溶液0.2ml和亮绿试液0.1ml,混匀。

(13)沙门、志贺菌属琼脂培养基(SS)

胨	5.0g	硫代硫酸钠	8.5g
牛肉浸出粉	5.0g	中性红指示液	2.5ml
乳糖	10.0g	亮绿试液	0.33ml
牛胆盐	8.5g	琼脂	16.0g
枸橼酸钠	8.5g	水	1000ml
枸橼酸铁铵	1.0g		

除乳糖、指示液、琼脂外,取上述成分,混合,微温溶解,调节pH值使灭菌后为7.2±0.1,滤过,加入琼脂,加热溶化后,再加入其余各成分,摇匀,灭菌,冷至60℃,倾注平皿。

(14)胆盐硫乳琼脂培养基(DHL)

胨	20.0g	枸橼酸钠	1.0g
牛肉浸出粉	3.0g	枸橼酸铁胺	1.0g
乳糖	10.0g	中性红指示液	3ml
蔗糖	10.0g	琼脂	16.0g
去氧胆酸钠	1.0g	水	1000ml
硫代硫酸钠	2.3g		

除糖、指示液及琼脂外,取上述成分,混合,微温溶解,调节pH值使灭菌后为7.2±0.1,加入琼脂,加热溶化后,再加入其余成分,摇匀,冷至60℃,倾注平皿。

(15)溴化十六烷基三甲铵琼脂培养基

胨	10.0g	溴化十六烷基三甲铵	0.3g
牛肉浸出粉	3.0g	琼脂	14.0g
氯化钠	5.0g	水	1000ml

除琼脂外,取上述成分,混合,微温溶解,调节pH值使灭菌后为7.5±0.1,加入琼脂,加热溶化后,分装,灭菌,冷至60℃,倾注平皿。

(16)亚碲酸盐肉汤培养基

临用前,取灭菌的营养肉汤培养基,每100ml中加入新配制的1%亚碲酸钠(钾)试液0.2ml,混匀,即得。

(17)卵黄氯化钠琼脂培养基

胨	6.0g	10%氯化钠卵黄液	100ml
牛肉浸出粉	1.8g	琼脂	14.0g
氯化钠	30.0g	水	650ml

除10%氯化钠卵黄液外,取上述成分,混合,微温溶解,调节pH值使灭菌后为7.6±0.1,灭菌,待冷至约60℃,以无菌操作加入10%氯化钠卵黄液,充分振摇,倾注平皿。

10%氯化钠卵黄液的制备:取新鲜鸡蛋1个,以无菌操作取出卵黄,放入10%灭菌氯化钠溶液100ml中,充分振摇,即得。

(18)甘露醇氯化钠琼脂培养基

胨	10.0g	酚磺酞指示液	2.5ml
牛肉浸出粉	1.0g	琼脂	14.0g
甘露醇	10.0g	水	1000ml
氯化钠	75.0g		

除甘露醇、酚磺酞指示液及琼脂外，取上述成分，混合，微温溶解，调节 pH 值使灭菌后为 7.4±0.2，加入琼脂，加热溶化后，滤过，分装，灭菌，冷至 60℃，倾注平皿。

(19)乳糖发酵培养基

胨	20.0g	0.04%溴甲酚紫指示液	25ml
乳糖	10.0g	水	1000ml

除 0.04%溴甲酚紫指示液外，取上述成分混合，微温溶解，调 pH 值使灭菌后为 7.2±0.2，加入指示剂，分装于含倒管的小试管中，每管 3ml，灭菌。

(20)绿脓菌素(Pyocyanin)测定用培养基(PDP 琼脂培养基)

胨	20.0g	甘油	10ml
氯化镁(无水)	1.4g	琼脂	14.0g
硫酸钾(无水)	10.0g	水	1000ml

取胨、氯化镁、硫酸钾和水混合，微温溶解，调节 pH 值使灭菌后为 7.3±0.1，加入甘油及琼脂，加热溶化，混匀，分装于试管，灭菌，置成斜面。

(21)庖肉培养基

牛肉碎块的制备：新鲜牛肉，除去脂肪和筋腱，加水煮沸约 10min，切成约 $5mm^3$ 的小块，称重，按 1∶3(肉∶水)加蒸馏水，置 4～10℃浸 18～20h 后，煮沸 1h，用白布过滤(滤液即为 1∶3 牛肉浸液)，肉渣用自来水漂洗 2 次，然后加入适量氢氧化钠液，搅拌，使 pH 在 8.4 左右，浸泡过夜，次日倾去上层水，用蒸馏水冲洗 2～3 次，放在纱布上，自动沥干(不要挤压)。将肉渣铺在搪瓷盘上，灭菌，于 80～100℃烘干，筛去碎屑，装瓶，保持干燥，备用。

庖肉培养基的制备：将上述碎肉块装入合适的容器中，再加入营养肉汤培养基，碎肉的量约占 1.5%，调节 pH 值使灭菌后为 7.3±0.1，灭菌。

(22)哥伦比亚琼脂培养基

酪蛋白胰酶消化物	10.0g	肉胃酶消化物	5.0g
心胰酶消化物	3.0g	酵母浸出物	5.0g
玉米淀粉	1.0g	氯化钠	5.0g
琼脂	15.0g	水	1000ml

除琼脂外，取上述成分，混合，微温溶解，调节 pH 值使灭菌后为 7.3±0.2，加入琼脂，加热溶化，滤过，分装，灭菌，冷至 45～50℃，加入相当于 20mg 庆大霉素的无菌硫酸庆大霉素，混匀，倾注平皿。

2. 稀释液及其配制方法　稀释液配制后，应采用验证合格的灭菌程序灭菌。

pH7.0 无菌氯化钠-蛋白胨缓冲液：取磷酸二氢钾 3.56g，磷酸氢二钠 7.23g，氯化钠 4.30g，蛋白胨 1.0g，加水 1000ml，微温溶解，滤清，分装，灭菌。

pH6.8 无菌磷酸盐缓冲液：取磷酸二氢钾 6.8g，加水 500ml 使溶解，用 0.1mol/l 氢氧化钠溶液调节 pH 值至 6.8；另取胰酶 10g，加水适量使溶解，将两液混合后，加水稀释至1000ml,即得。

pH7.6无菌磷酸盐缓冲液:取磷酸二氢钾27.22g,加水使溶解成1000ml,取50ml,加0.2mol/l氢氧化钠溶液42.4ml,再加水稀释至200ml,即得。

3. 指示液及其配制方法

中性红指示液:取中性红1.0g,研细,加95%乙醇60ml使溶解,再加水至100ml。变色范围pH6.8-8.0(红→黄)。

亚甲蓝指示液:取亚甲蓝0.5g,加水溶解使成100ml。

酚磺酞指示液:取酚磺酞1.0g,加1mol/l氢氧化钠溶液2.82ml,使溶解,再加水至100ml。变色范围pH6.8~8.4(黄→红)。

溴甲酚紫指示液:取溴甲酚紫1.6g,加95%乙醇使溶解成100ml。变色范围pH 5.2~6.8(黄→紫)。

曙红钠指示液:取曙红钠2.0g,加水使溶解成100ml。

4. 试液　二盐酸二甲基对苯二胺试液　取二盐酸二甲基对苯二胺0.1g,加水10ml,即得。需新鲜少量配制,于冷处避光保存,如试液变成红褐色,不可使用。

亚碲酸钠(钾)试液:取亚碲酸钠(钾)0.1g,加新鲜煮沸后冷至50℃水10ml使溶解。

玫瑰红钠试液:取玫瑰红钠试液0.1g,加水使溶解成75ml。

亮绿试液:取亮绿0.1g,加水100ml使溶解。

盐酸试液:取盐酸8.4ml,加水使稀释成100ml。

靛基质试液:取对二甲氨基苯甲醛5.0g,加入戊醇(或丁醇)75ml,充分振摇,使完全溶解后,再取浓盐酸25ml徐徐滴入,边加边振摇,以免骤热导致溶液色泽变深;或取对二甲氨基苯甲醛1.0g,加入95%乙醇95ml,充分振摇,使完全溶解后,取盐酸20ml徐徐滴入。

过氧化氢试液:取浓过氧化氢溶液(30%),加水稀释成3%的溶液,临用时配制。

附录六　微生物限度标准

非无菌药品的微生物限度标准是基于药品的给药途径、对患者健康潜在的危害以及中药的特殊性而制订的。药品的生产、贮存、销售过程中的检验,中药提取物及辅料的检验,新药标准制订、进口药品标准复核、考察药品质量及仲裁等,除另有规定外,其微生物限度均以本标准为依据。

1. 制剂通则、品种项下要求无菌的制剂及标示无菌的制剂　应符合无菌检查法规定。

2. 口服给药制剂

(1)不含药材原粉的制剂

细菌数:每1g不得过1 000个。每1ml不得过100个。

真菌和酵母菌数:每1g或1ml不得过100个。

大肠埃希菌:每1g或1ml不得检出。

(2)含药材原粉的制剂

细菌数:每1g不得过10 000个(丸剂每1g不得过30 000个)。每1ml不得过

500 个。

真菌和酵母菌数:每 1g 或 1ml 不得过 100 个。

大肠埃希菌:每 1g 或 1ml 不得检出。

大肠菌群:每 1g 应小于 100 个。每 1ml 应小于 10 个。

(3)含豆豉、神曲等发酵成分的制剂

细菌数:每 1g 不得过 100 000 个。每 1ml 不得过 1000 个。

真菌和酵母菌数:每 1g 不得过 500 个。每 1ml 不得过 100 个。

大肠埃希菌:每 1g 或 1ml 不得检出。

大肠菌群:每 1g 应小于 100 个。每 1ml 应小于 10 个。

3. 局部给药制剂

(1)用于手术、烧伤或严重创伤的局部给药制剂:应符合无菌检查法规定。

(2)用于表皮或黏膜不完整的含药材原粉的局部给药制剂

细菌数:每 1g 或 $10cm^2$ 不得过 1000 个。每 1ml 不得过 100 个。

真菌和酵母菌数:每 1g、1ml 或 $10cm^2$ 不得过 100 个。

金黄色葡萄球菌、铜绿假单胞菌:每 1g、1ml 或 $10cm^2$ 不得检出。

(3)用于表皮或黏膜完整的含药材原粉的局部给药制剂

细菌数:每 1g 或 $10cm^2$ 不得过 10 000 个。每 1ml 不得过 100 个。

真菌和酵母菌数:每 1g、1ml 或 $10cm^2$ 不得过 100 个。

金黄色葡萄球菌、铜绿假单胞菌:每 1g、1ml 或 $10cm^2$ 不得检出。

(4)眼部给药制剂

细菌数:每 1g 或 1ml 不得过 10 个。

真菌和酵母菌数:每 1g 或 1ml 不得检出。

金黄色葡萄球菌、铜绿假单胞菌、大肠埃希菌每 1g 或 1ml 不得检出。

(5)耳、鼻及呼吸道吸入给药制剂

细菌数:每 1g、1ml 或 $10cm^2$ 不得过 100 个。

真菌和酵母菌数:每 1g、1ml 或 $10cm^2$ 不得过 10 个。

金黄色葡萄球菌、铜绿假单胞菌:每 1g、1ml 或 $10cm^2$ 不得检出。

大肠埃希菌:鼻及呼吸道给药的制剂,每 1g、1ml 或 $10cm^2$ 不得检出。

(6)阴道、尿道给药制剂

细菌数:每 1g 或 1ml 不得过 100 个。

真菌和酵母菌数:每 1g 或 1ml 应小于 10g。

金黄色葡萄球菌、铜绿假单胞菌、梭菌:每 1g 或 1ml 不得检出。

(7)直肠给药制剂

细菌数:每 1g 不得过 1000 个。每 1ml 不得过 100 个。

真菌和酵母菌数:每 1g 或 1ml 不得过 100 个。

金黄色葡萄球菌、铜绿假单胞菌、大肠杆菌:每 1g 或 1ml 不得检出。

(8)其他局部给药制剂

细菌数:每 1g、1ml 或 $10cm^2$ 不得过 100 个。

真菌和酵母菌数:每 1g、1ml 或 $10cm^2$ 不得过 100 个。

金黄色葡萄球菌、铜绿假单胞菌：每 1g、1ml 或 10cm² 不得检出。

4. 含动物组织（包括提取物）及动物类原药材粉（蜂蜜、王浆、动物角、阿胶除外）的口服给药制剂：每 10g 或 10ml 不得检出沙门菌。

5. 有兼用途径的制剂　应符合各给药途径的标准。

6. 霉变、长螨者　以不合格论。

7. 中药提取物及辅料　参照相应制剂的微生物限度标准。

附录七　《中药商品学实验》内容及学时分配

《中药商品学实验》内容及学时分配表

实验主题	实验内容	实验参考学时	
1 中药商品的纯度检查	1.1 杂质检查	1	8
	1.2 水分测定	3	
	1.3 灰分测定	4	
2 中药商品的鉴别	2.1 理化定性鉴别	2	10
	2.2 光谱鉴别	2	
	2.3 薄层色谱鉴别	2	
	2.4 性状鉴别	4	
3 中药商品优良度的检查	3.1 药材规格等级的划分	2	16
	3.2 药材道地性鉴别	1	
	3.3 特定药用部位的检测	1	
	3.4 浸出物含量测定	4	
	3.5 挥发油含量测定	4	
	3.6 药效物质的含量测定	4	
4 中药商品的安全性检测	4.1 农药残留量的测定	4	16
	4.2 重金属的检查	4	
	4.3 砷盐的检查	4	
	4.4 微生物限度检查	4	
总计		50	50